경계선지능 아동을 위한 인지학습 프로그램

기초학습 한걸음

도형편 | 아동용

COGNITIVE LEARNING PROGRAM

백현주 | 이승미 | 김향숙 지음

배움의숲

머리말

경계선지능 아동은 표준화된 지능검사(K-WISC-IV 이상)에서 지능지수(IQ)가 70~85 사이에 있고, 지적장애에는 포함되지 않는 아동을 말한다. 낮은 학습 수준과 상황에 맞지 않는 언행으로 학교적응이나 또래관계에 문제가 나타난다. 또한 어려서부터 언어발달이 늦고, 집중이 어렵고 주의가 산만하며, 느린 이해와 행동 등으로 지적받는다. 이러한 특성의 원인을 정확히 몰라 개입 방법을 찾지 못하고 부모가 걱정하는 사이 아동들은 학령기가 되는 경우가 많다.

학년이 올라가면서 경계선지능 아동은 천천히 배우는 느린학습자임이 나타나지만, 많은 교육자와 부모들은 느린학습자의 인지학습에 대한 특성을 이해하지 못한 채, 더 많은 학습을 요구하는 경우가 많다. 하지만 학업성취가 낮아 실패 경험의 누적으로 인해 학습에 대한 무기력을 경험하거나, 주변의 부정적 평가로 인해 우울 및 위축을 보이기도 한다.

경계선지능 아동은 느리지만 성장할 수 있다! 학업성취는 또래 수준만큼 나타내지 못하더라도 포기하지 않고 도전하는 마음가짐을 지지해 주는 것이 필요하다. 또한, 일상생활에서의 즐거운 활동과 연결하여 학습에 필요한 기초개념을 이해하도록 돕는 것이 중요하다. 많은 실패 경험으로 학습거부나, 학습동기 저하가 나타날 수 있으므로 교육자가 지치지 않고, 작은 변화와 성취를 알아차리고 표현해 주는 것이 효과적이다. 경계선지능 아동의 학습 습관은 장시간에 걸쳐 형성될 수 있기 때문이다.

이 책의 시리즈는 경계선지능 아동의 기초학습(수와 연산, 도형, 기타 수학, 읽기, 쓰기, 읽고 쓰기 다문화) 능력을 한 걸음 더 성장하도록 돕기 위해 만들었다. 이 책은 기초인지 한걸음 시리즈(주의집중, 작업기억)와 더불어 경계선지능 아동이 다양한 활동을 통해 학습에 흥미를 가지고 학습동기를 높일 수 있는 인지학습 프로그램이다. 선행 연구자들의 좋은 책과 더불어 풍부한 교육 자료가 되길 기대한다.

〈도형 편〉에서는 논리와 추론에 관여하는 도형에 대한 배움을 통해 경계선지능 아동이 수학적, 공간적, 시각적 능력을 향상하고 더 나아가 문제해결 능력을 강화할 수 있도록 구성하였다. 교사용 교재에서는 도형의 다양한 성질과 특징을 이해하고, 이러한 특징을 통해 도형을 구별하고 분류하며 보이지 않는 공간을 상상하고 추론할 수 있는 지도법을 담았다. 아동용 교재에서는 복잡한 개념을 쉽게 시각화할 수 있는 활동지를 통해 직관적이고 체험적으로 도형 학습에 쉽게 접근하도록 하였다. 평면도형과 입체도형의 이해를 높여 공간 감각이 향상되고 표상능력 및 비언어적 추론능력이 개선되어, 일상생활에서의 상황 파악 능력과 조망 능력의 확장에도 도움이 되길 바란다.

기초학습

도형

도형

숨어있는 모양을 찾아요! 8

모양을 관찰해요! 14

공간 감각을 높여요! 24

△,□,○ 모양을 관찰해요! 30

여러 가지 선?! 39

각에 대해서 알아봐요! 46

수직관계 vs 평행관계 57

밀고, 돌리고, 뒤집어요! 62

규칙적인 무늬를 만들어 보아요! 74

원에 대해 알아봐요! 78

삼각형에도 이름이 있어요! 93

각의 크기에 따라 이름이 달라요! 103

사각형에도 이름이 있어요! 107

다각형 vs 정다각형 112

입체도형을 알아요! 120

직육면체일까요? 정육면체일까요? 124

직육면체의 밑면은 3쌍이에요! 133

직육면체의 전개도는 여러 개예요! 142

겨냥도를 그릴 수 있어요! 164

겨냥도와 전개도를 함께 활용해요! 169

쌓기나무 겨냥도를 그려요! 172

쌓기나무 개수를 셀 수 있어요! 181

숨어있는 모양을 찾아요!

 우리 주변의 여러 가지 모양을 이해할 수 있어요.

준비물

필기구, 가위

활동 방법

1. 우리 주변에서 볼 수 있는 여러 가지 모양의 사물을 찾아 모양의 특징을 이해하는 활동이에요.
2. 일상에서 찾은 물건의 모양을 비슷한 것끼리 모아 특징을 살펴봐요.
3. 물건의 모양에 일상용어로 이름을 붙여요.

- 우리 주변의 많은 물건들은 여러 가지 모양을 가지고 있어요. 도형을 학습할 때 교실 및 생활 주변의 사물을 관찰해보면 여러 가지 입체도형의 모양이나 평면도형의 모양을 이해하는 데 도움이 돼요.

다음 그림의 점선을 따라 오려요.

모양 찾기

오린 그림에서  의 모양을 찾아 비슷한 것끼리 놓아요.

모양	같은 모양 물건

모양 특징 관찰하기

, , 를 살펴보아요.

모양	쌓기	굴리기
	O X	O X
	O X	O X
	O X	O X

🔍 모양 찾기

, , 의 이름을 지어요.

모양	이름 예시	이름 짓기
	지우개 모양 택배상자 모양 필통 모양	
	두루마리 휴지 모양 원통 모양 캔 모양	
	공 모양 구슬 모양 원 모양	

모양을 관찰해요!

 ,  모양을 관찰하고 모양의 특징을 이해할 수 있어요.

준비물

가위, 셀로판테이프

보조준비물: 클레이

활동 방법

1. 활동지의 전개도를 오리고, 셀로판테이프로 붙여서 ■, ▮, ● 의 모양을 만들어 관찰하고 모양의 특징을 알아보는 활동이에요.
2. 활동지를 이용해 ■, ▮, ● 를 각각 2개씩 만들어요.
3. 만든 것을 같은 모양끼리 쌓아봐요.
4. 만든 모양을 각각 굴려봐요.

- 사물을 보면 한번에 사물 모양의 특징을 찾지 못할 수도 있어요. 주변 사물을 직접 살펴보고 만져볼 수 있다면 모양의 특징을 이해하는 데 도움이 돼요. 같은 모양을 모아 놓고 천천히 살펴보면 특징을 이해하기 좋아요.
- 클레이로 구체물을 만들어 활동해도 좋아요.

모양 만들기

 ,  를 만들어요.

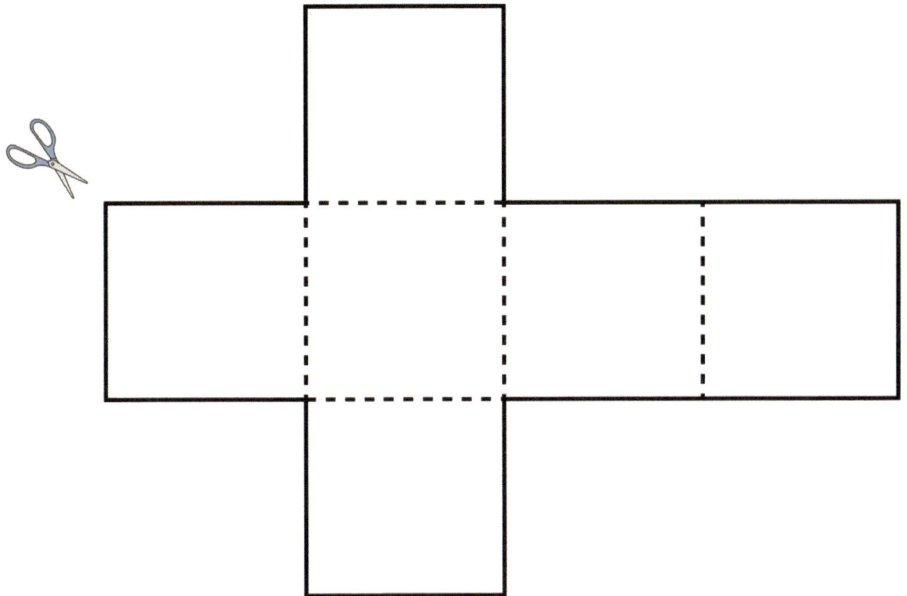

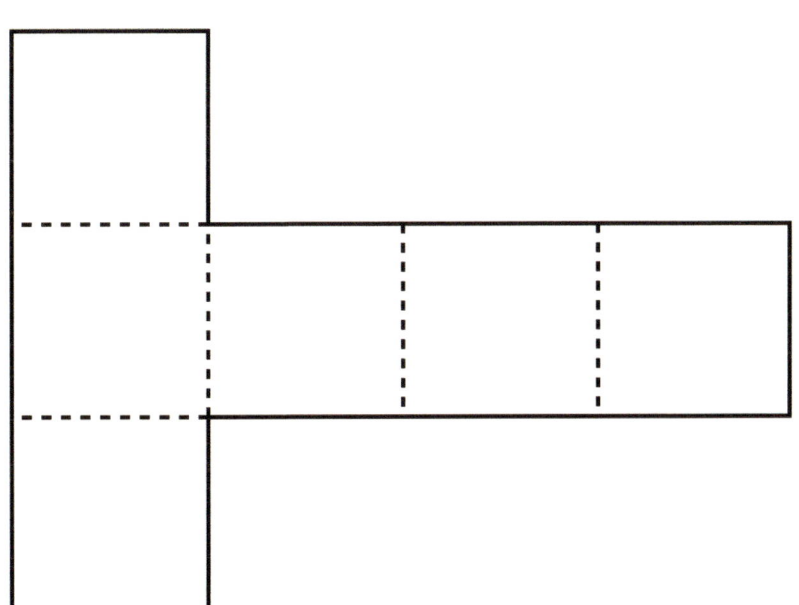

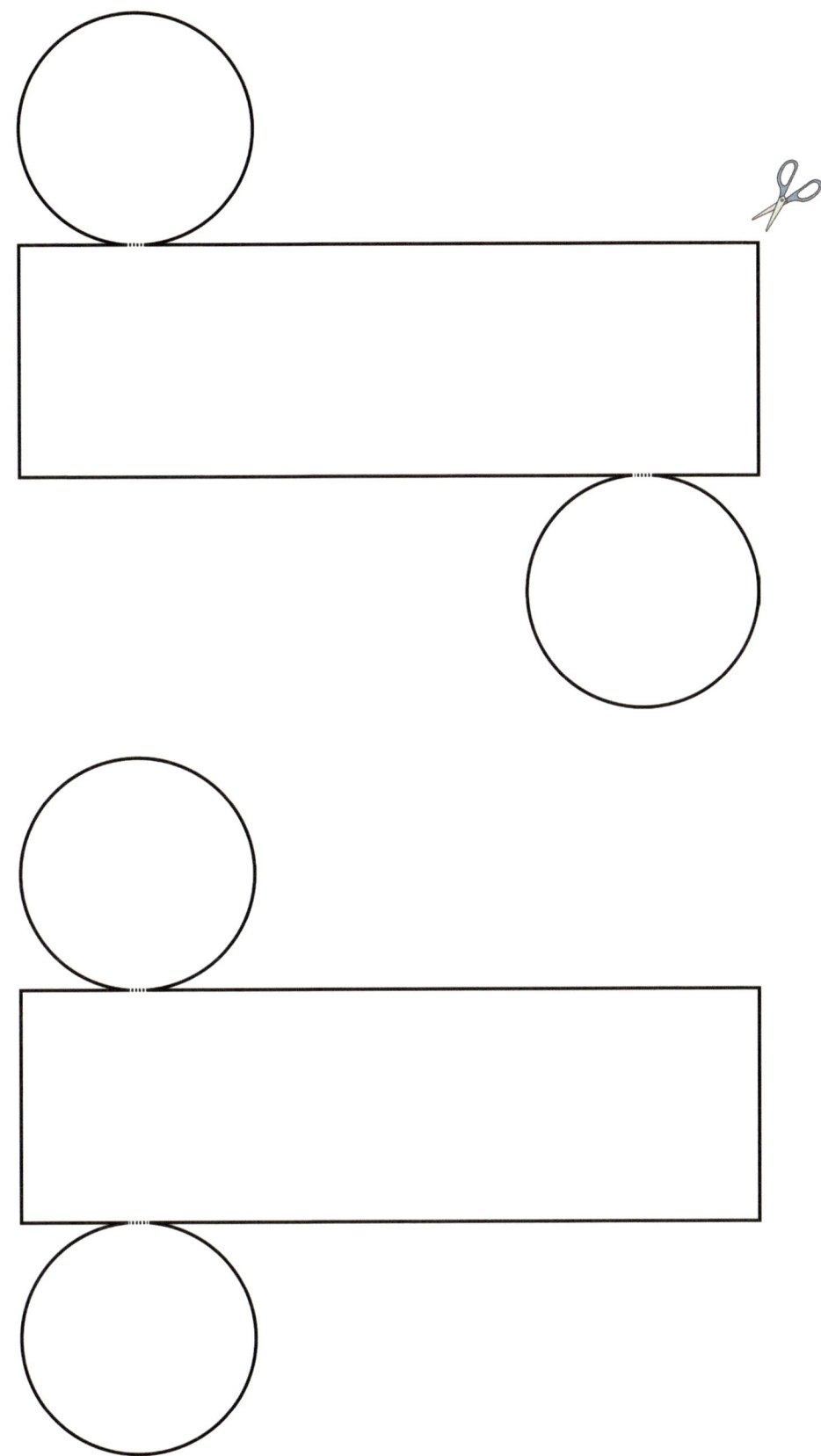

모양 만들기

 를 만들어요.

종이를 이용해 구겨서 공모양을 만들어요.

모양 관찰하기

, , 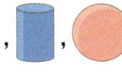 의 특징을 살펴보세요.

모양	쌓기	굴리기

🔍 모양 찾기

 , , 의 특징을 골라 동그라미해요.

모양	특징	
(정육면체)	쌓을 수 있다. 굴러간다. 평평한 부분이 있다. 뾰족한 부분이 있다. 둥근 부분이 있다.	쌓을 수 없다. 굴러가지 않는다. 평평한 부분이 없다. 뾰족한 부분이 없다. 둥근 부분이 없다.
(원기둥)	쌓을 수 있다. 굴러간다. 평평한 부분이 있다. 뾰족한 부분이 있다. 둥근 부분이 있다.	쌓을 수 없다. 굴러가지 않는다. 평평한 부분이 없다. 뾰족한 부분이 없다. 둥근 부분이 없다.
(구)	쌓을 수 있다. 굴러간다. 평평한 부분이 있다. 뾰족한 부분이 있다. 둥근 부분이 있다.	쌓을 수 없다. 굴러가지 않는다. 평평한 부분이 없다. 뾰족한 부분이 없다. 둥근 부분이 없다.

함께 생각해요

설명하는 도형의 모양을 생각해봅니다.

이것은 무엇일까요?

1. 이것은 잘 굴러갑니다.
둥근 부분은 있지만, 뾰족한 부분과 평평한 부분이 없습니다.
쌓을 수도 없습니다.

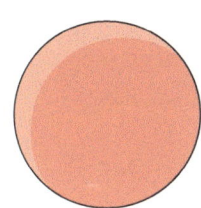

2. 이것은 뾰족한 부분과 평평한 부분은 있지만,
둥근 부분이 없습니다.
쌓을 수 있습니다.
굴러갈 수 없습니다.

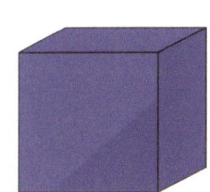

3. 이것은 굴러가기도 하고 쌓을 수도 있습니다.
평평한 부분과 둥근 부분이 있습니다.

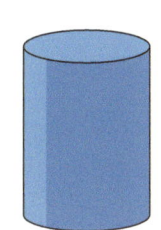

공간 감각을 높여요!

 쌓기나무를 이용하여 공간 감각을 키워요.

준비물

색 펜이나 색연필, 가위, 셀로판테이프
보조 준비물: 쌓기나무 5개, 스티커

활동 방법

1. 쌓기나무를 이용하여 공간에 대한 감각을 높이는 활동이에요.
2. 활동지의 전개도를 오리고 붙여서 쌓기나무 5개를 만들어요.
3. 공간과 관련된 '~의 앞', '~의 뒤'를 배워요.
4. 공간과 관련된 '~의 오른쪽', '~의 왼쪽'을 배워요.
5. 공간과 관련된 '~의 위', '~의 아래'를 배워요.
6. 설명하는 말을 듣고 쌓기나무를 쌓아요.

- 한두 개의 물체가 놓여진 모양을 보고 그대로 만드는 것은 쉽지만, 물체의 숫자가 많아지면 어려울 수 있어요. 숫자가 많아지면 기준을 잡고 그 물체를 중심으로 움직이거나 공간에 대한 이해를 하면 보다 쉽게 만들 수 있어요.

쌓기나무 만들기

전개도를 이용하여 쌓기나무 5개를 만들어요.

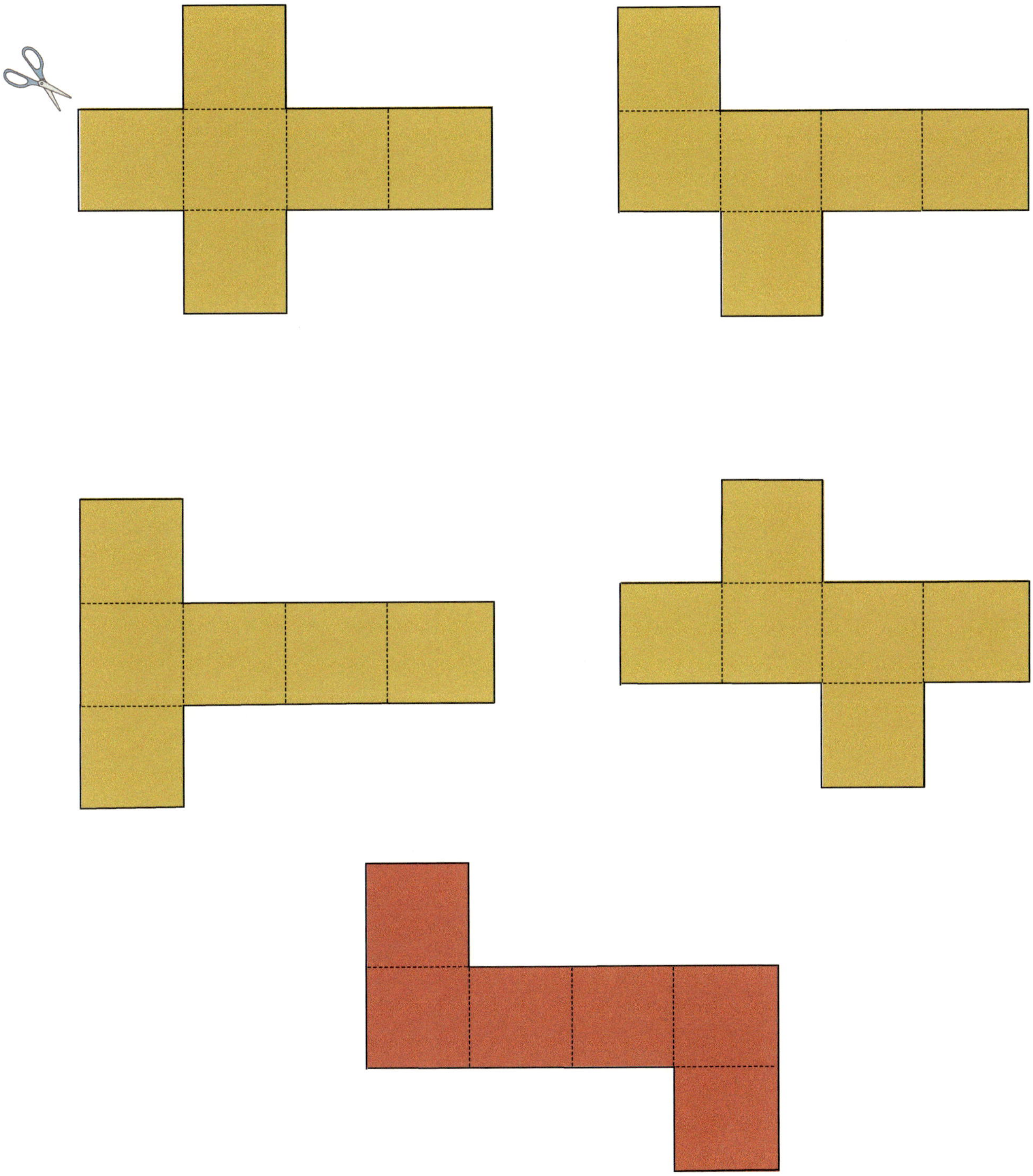

쌓기나무 공간 이해하기

빨간색 쌓기나무를 중심으로 공간을 이해하는 어휘를 배우고, 해당하는 쌓기나무에 색이나 스티커로 표시해주세요.

'~의 앞'	'~의 오른쪽'	'~의 위'
'~의 뒤'	'~의 왼쪽'	'~의 아래'

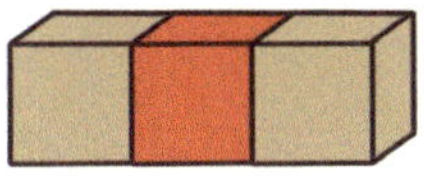

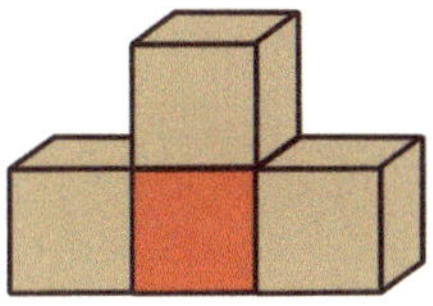

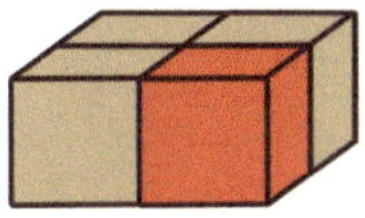

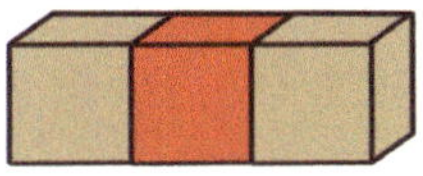

도형편

쌓기나무 공간 이해하기

빨간색 쌓기나무를 중심으로 공간을 이해하는 어휘를 배우고, 해당하는 쌓기나무에 색이나 스티커로 표시해주세요.

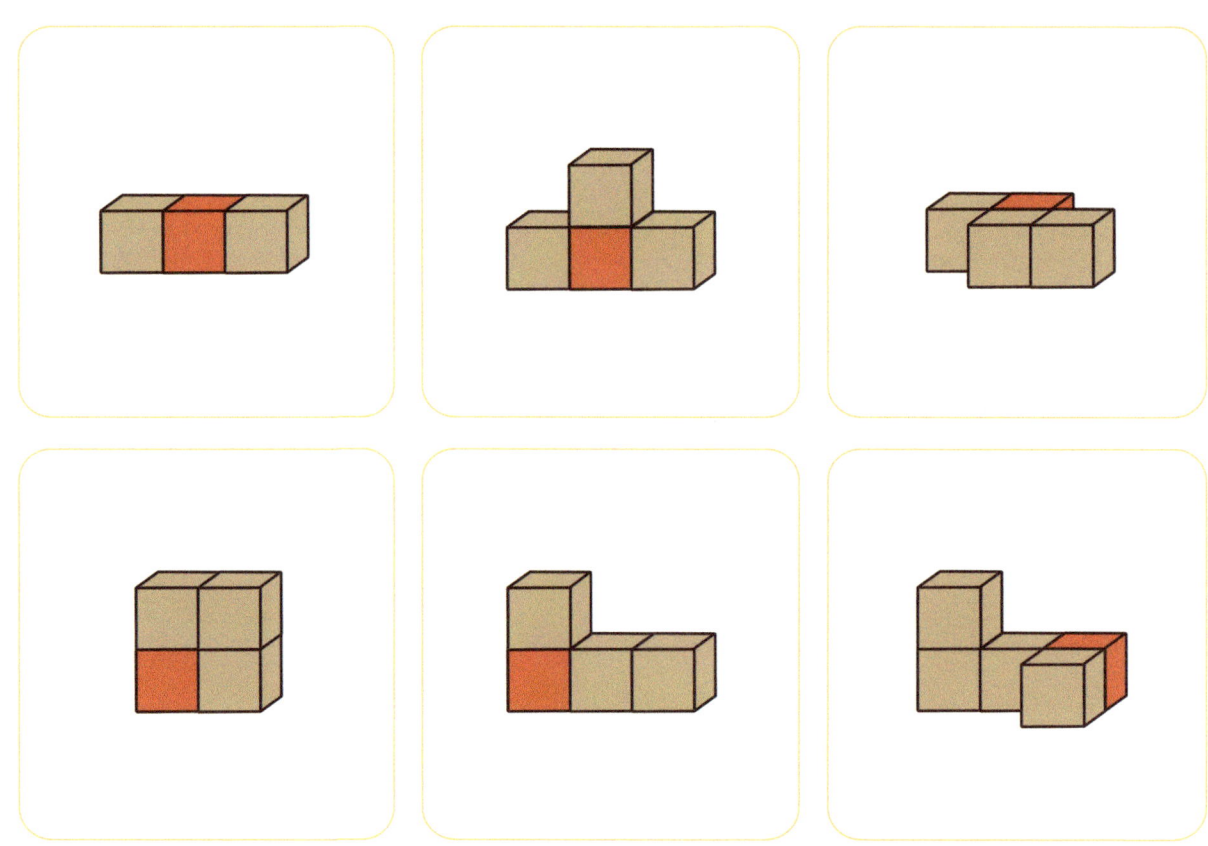

쌓기나무 공간 이해하기

설명을 들은 후, 쌓기나무를 쌓아보세요.

쌓기나무 3개를 한 줄로 놓고, 가운데 쌓기나무 위에 하나를 더 놓는다.	쌓기나무 2개를 좌우로 붙여놓고, 오른쪽 쌓기나무 앞에 하나를 놓는다.	쌓기나무 2개를 앞뒤로 놓고, 앞쪽 쌓기나무 위에 하나를 놓고, 뒤쪽 쌓기나무 왼쪽에 하나를 놓는다.

△, □, ○ 모양을 관찰해요!

 △, □, ○ 를 직관적으로 이해하고, 그 모양을 그릴 수 있어요.

준비물

필기구, 가위

활동 방법

1. 주변의 물건을 살펴보며 △, □, ○ 를 직관적으로 이해하고 특징을 알아보는 활동이에요.
2. 주변에서 볼 수 있는 △, □, ○ 를 찾아 모양을 모아 놓고 특징을 이야기해요.
3. △, □, ○ 의 특징을 이해하고 그려봐요.

- 이름을 붙이는 활동에서 이름이 쉽게 생각나지 않을 수 있어요. 그렇지만 내가 붙인 이름이 있으면 그 이유로 인해 모양의 특징을 쉽게 기억할 수 있어요.

△, □, ○ 모양 찾기

그림에서 △, □, ○ 를 찾아요.

모양	어디에 있을까요?
△	
□	
○	

 **△,□,○ 모양 찾기**

우리 주변의 △,□,○ 를 찾아 말해요.

모양	무엇이 있을까요?		
△	옷걸이, 양보 YIELD 표지판		
□	휴대폰, 문		
○	선풍기, 시계		

△, □, ○ 특징 말하기

우리 주변의 △, □, ○ 를 찾아 말해요.

모양	특징
△ 옷걸이 도로표지판 (　　　)	
□ 핸드폰 현관문 (　　　)	
○ 마카롱 시계 (　　　)	

도형편

△,□,○ **모양 찾기**

기차 안에는 △,□,○ 가 몇 개씩 숨어 있을까요?

△ = (   ) 개
□ = (   ) 개
○ = (   ) 개

△, □, ○ 모양 찾기

로봇에는 △, □, ○ 가 몇 개씩 숨어 있을까요?

| △ = (　　　　) 개 |
| □ = (　　　　) 개 |
| ○ = (　　　　) 개 |

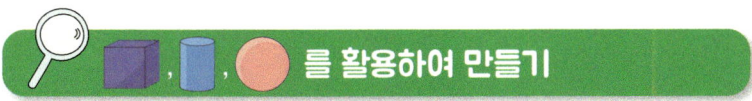를 활용하여 만들기

그림을 보고 ▢, ▊, ● 를 잘라 붙여 똑같이 만들어보세요.

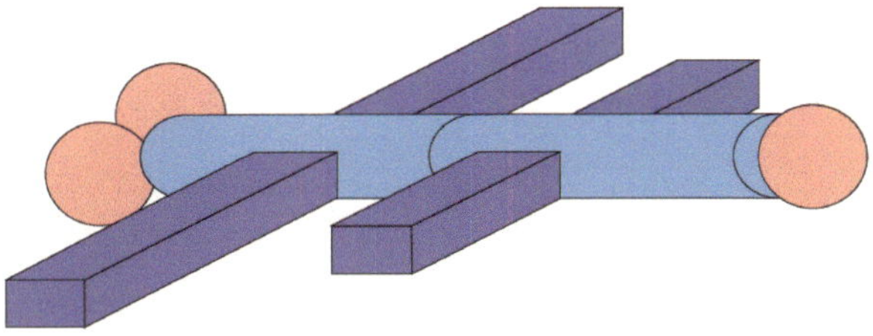

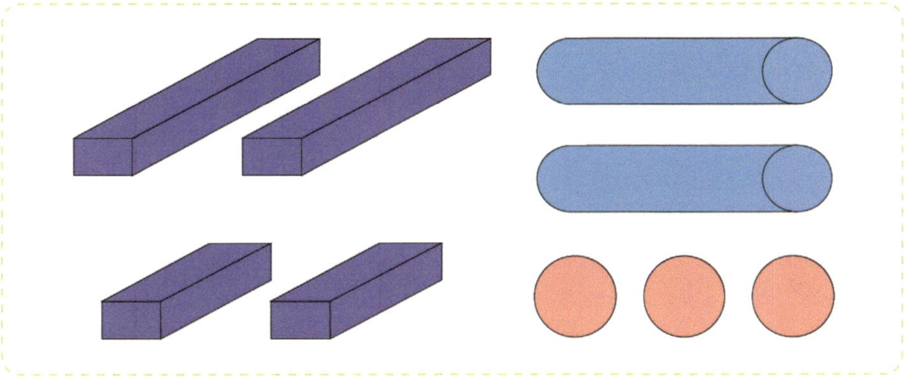

여러 가지 선?!

 여러 가지 선에 대해 구별할 수 있어요.

준비물

필기구, 색 펜이나 색연필, 가위, 풀

활동 방법

1. 여러 가지 선의 종류를 알고 구별해보는 활동이에요.
2. 두 종류의 집을 살펴보고 어떤 선으로 만들어졌는지 생각해요.
3. 선 그림을 보고 선의 이름을 알아봐요.
4. 여러 가지 선의 이름을 알고 그 특징을 이해해요.

- 선의 이름은 낯설어 쉽게 기억되지 않을 수 있어요. 선의 그림을 보면서 선의 이름을 연결해 연습하면 비교적 쉽게 이해할 수 있어요. 선을 직접 그려보는 것도 선의 이름을 기억하는 데 도움이 된답니다.

도형편

 **여러 가지 선(1)**

아래 그림을 보고 '곧은 선'과 '굽은 선'을 구별해보세요.

'곧은 선'과 '굽은 선'으로 만들어진 집은 느낌이 어떻게 다른가요?

여러 가지 선(2)

여러 가지 선의 이름을 생각하며 찾아보세요.

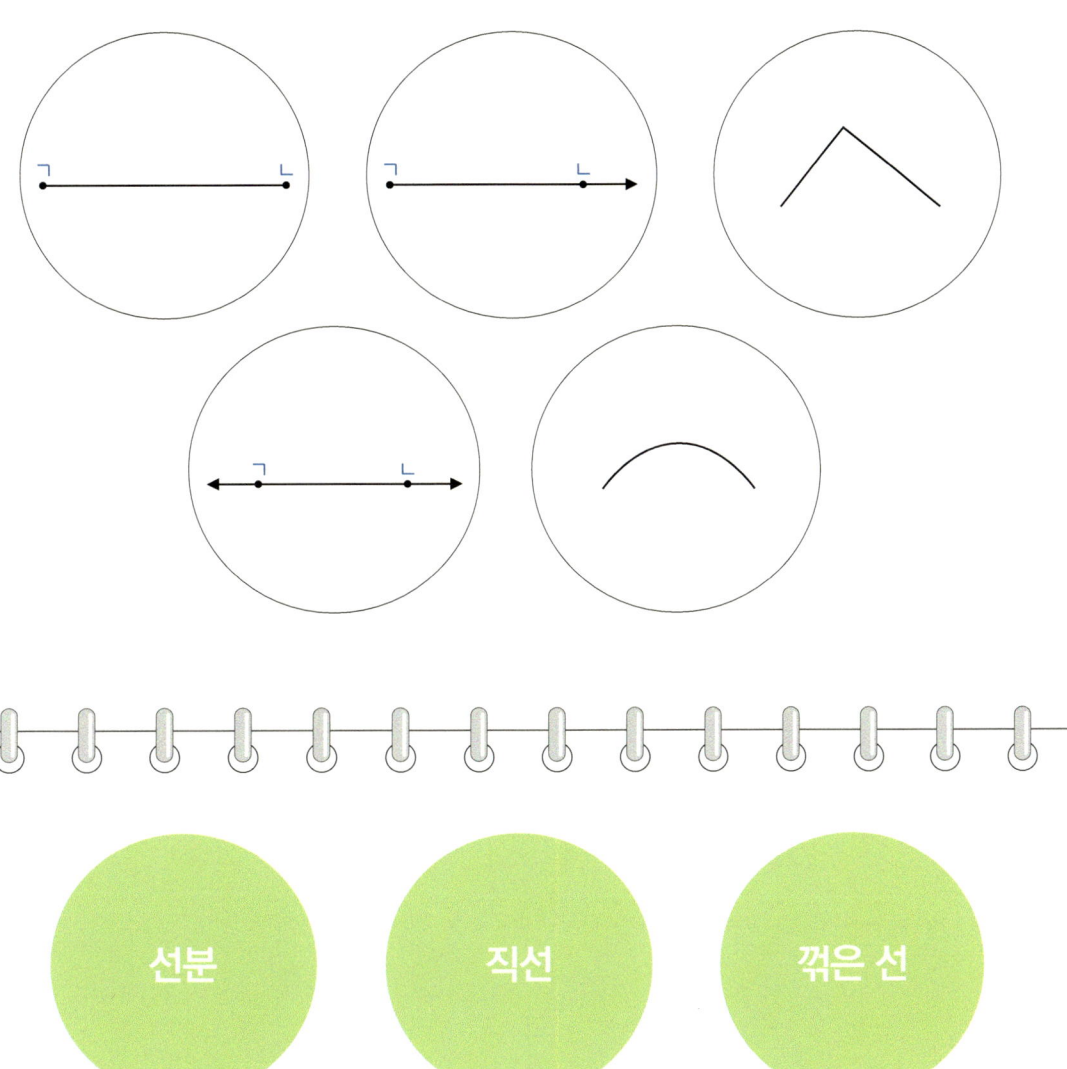

여러 가지 선(3)

여러 가지 선에 대해 정리해보세요.

그림	이름	특징
———	곧은 선	꺾이거나 굽은 데가 없는 선
ㄱ———ㄴ	선분	두 점을 연결한 선
←—ㄱ———ㄴ—→	직선	양쪽으로 끝없이 늘인 곧은 선
ㄱ———ㄴ—→	반직선	한 점에서 한쪽으로 끝없이 늘인 곧은 선
⌒	굽은 선	직선으로 이루어진 선이 없는 선
∧	꺾은 선	여러 가지 길이와 방향을 가진 선분들을 차례로 이은 선

여러 가지 선(4)

보기에서 곧은 선을 잘라 해를 완성해보세요.

보기

여러가지 선(5)

놀이터에는 어떤 선들이 숨어 있을까요? 색연필로 표시해보세요.

곧은 선, 굽은 선, 꺾은 선

각에 대해서 알아봐요!

 직각, 예각, 둔각을 구별할 수 있어요.

준비물

필기구, 색 펜이나 색연필

보조준비물: 각도기

활동 방법

1. 활동을 통해 각의 의미를 알고 각의 이름 및 특징을 이해하는 활동이에요.
2. 색종이 접기를 통해 직각(90°)을 이해해요.
3. 다양한 종이 각도자를 활용하여 예각, 직각, 둔각의 이름을 알고 특징을 이해해요.
4. 종이 각도자를 사용하여 시침과 분침의 벌어진 각의 크기를 알아봐요.

- 각도를 이해하면 우리 생활에서 편리한 점이 많아요. 종이 각도자나 실제 각도기를 활용하여 주변 사물의 각도를 재어보는 연습을 하면 각도에 좀 더 익숙해질 수 있어요.

 꼭짓점, 변, 각

꼭짓점, 변, 각을 알아보세요.

> **꼭짓점** : 두 개 이상의 반직선이나 곧은 선이 만나 이룬 점
> **변** : 각을 만드는 반직선
> **각** : 꼭짓점에서 두 반직선이 벌어진 정도

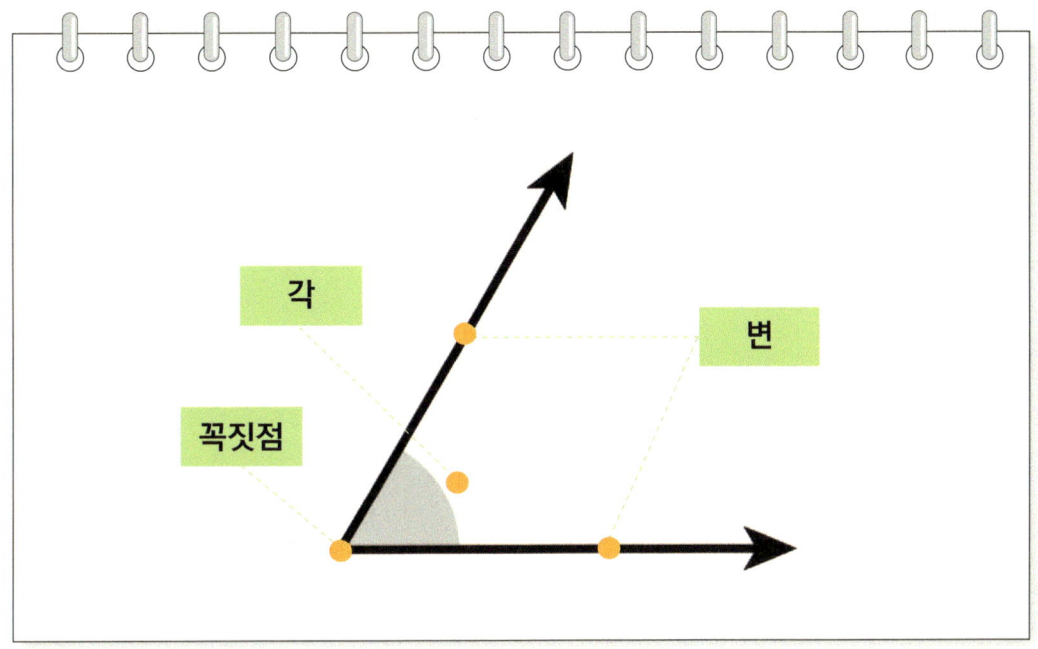

아래 그림에서 꼭짓점, 변, 각을 찾아 써보세요.

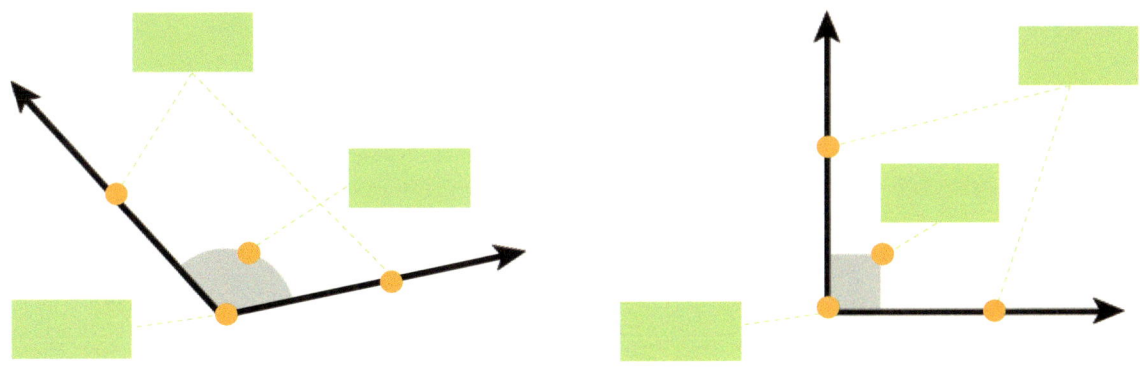

직각

색종이를 접어 잘라 직각을 찾아보세요.

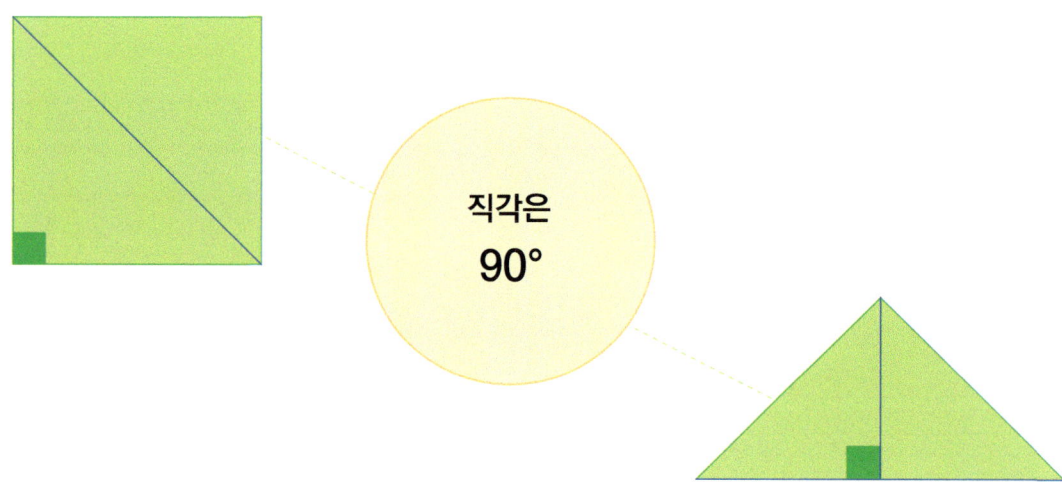

직각은 90°

종이 직각자와 종이 각도기

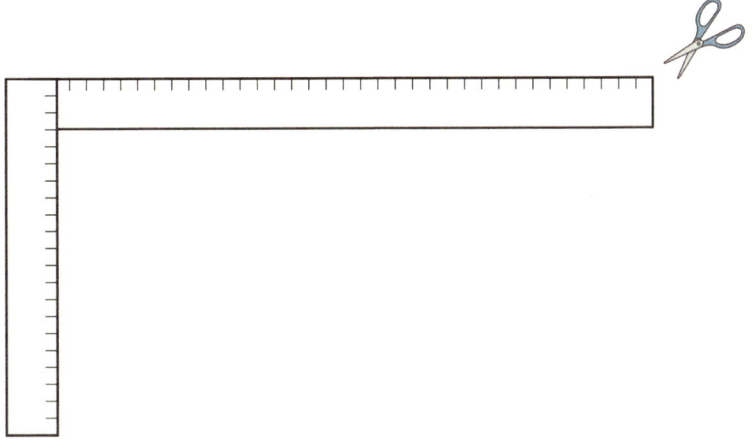

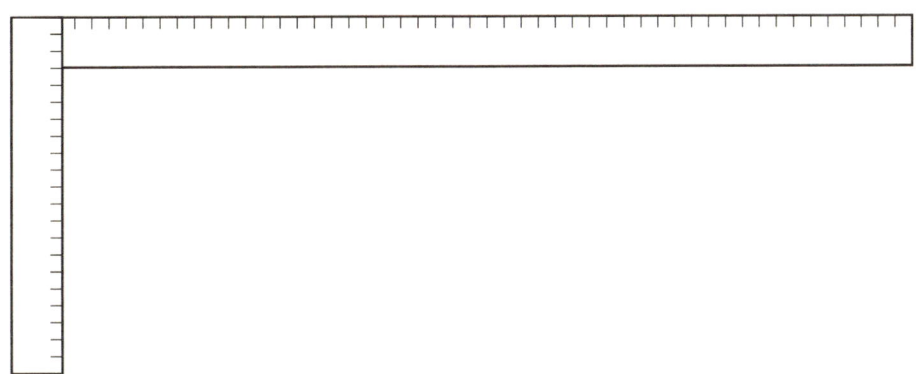

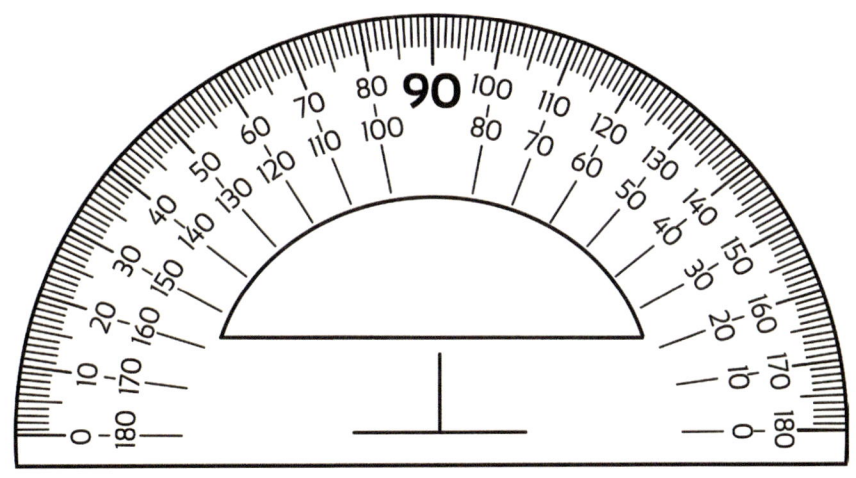

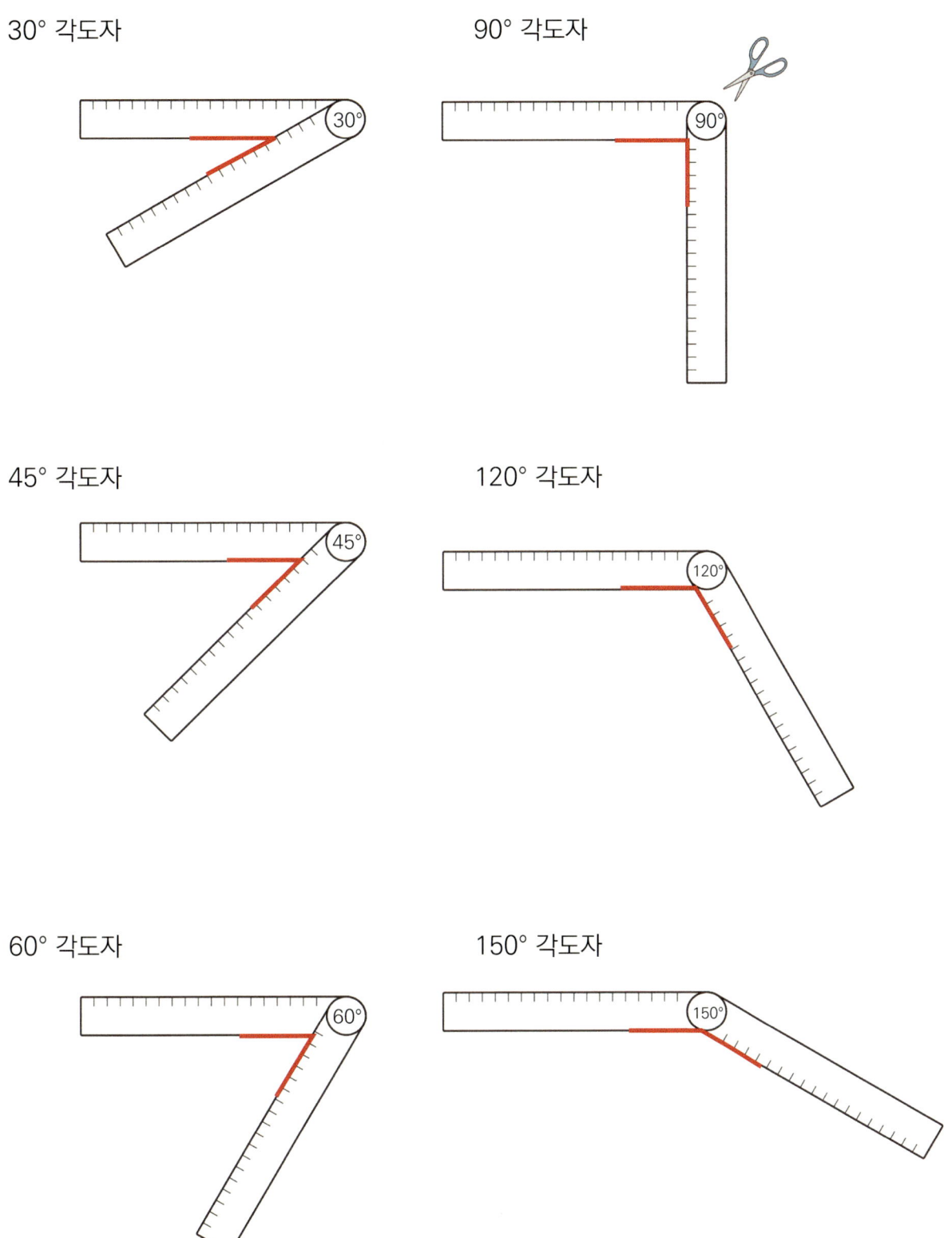

각도 재기

종이 각도자를 활용하여 실내 암벽등반 그림에 나와 있는 각을 재어보세요.

여러 가지 각 그리기

실내 암벽등반 그림에서 찾은 각도 중 90°보다 작은 각을 그려보세요.

실내 암벽등반 그림에서 찾은 각도 중 90°보다 큰 각을 그려보세요.

여러 가지 각의 특징

여러 가지 각을 정리해보세요.

	예각	직각	둔각
그림			
특징	두 선이 만나서 이루는 각이 0°보다 크고, 직각보다 작은 각	두 선이 만나서 이루는 각이 직각(90°)인 각	두 선이 만나서 이루는 각이 직각보다 크고, 180°보다 작은 각
시계에서 각 찾아보기			

도형편

여러 가지 각의 특징

다양한 종이 각도자를 사용하여 시곗바늘이 만든 각도를 찾아보세요.

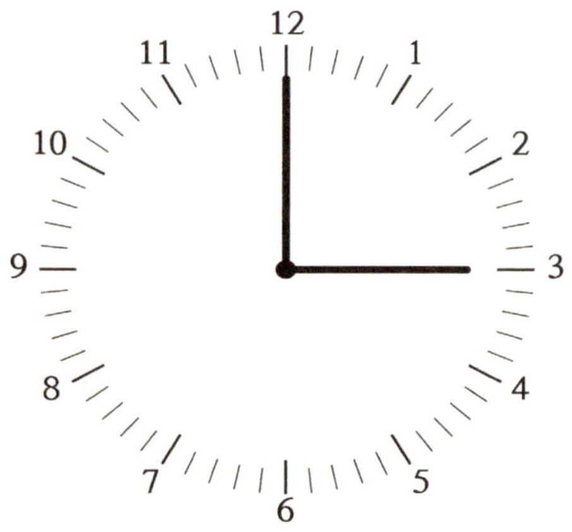

수직관계 vs 평행관계

 생활 주변에서 수직관계와 평행관계를 찾고 이해해요.

준비물

필기구, 색 펜이나 색연필

활동 방법

1. 수직과 평행의 개념을 알고 일상에서 찾아보는 활동이에요.
2. 횡단보도, 놀이터, 그림 및 글자에서 수직과 평행을 직접 찾아 표시해요.

- 수평과 수직은 일상에서 많이 사용하는 단어예요. 개념을 알고 나면 주변에 더 많은 사물의 모양과 관계를 이해할 수 있어요.

도형편

 수직관계 vs 평행관계

아래 횡단보도 그림에서 수직과 평행을 찾아 색연필로 표시해보세요.

수직관계	평행관계
두 선이 만난 각이 직각을 이루는 관계	한 선에 수직인 두 선을 그었을 때, 두 선이 서로 만나지 않는 관계
┼	═

수직관계 vs 평행관계

아래 운동장 그림에서 수직과 평행을 찾아 색연필로 표시해보세요.

수직관계	평행관계
두 선이 만난 각이 직각을 이루는 관계	한 선에 수직인 두 선을 그었을 때, 두 선이 서로 만나지 않는 관계
┼	═

도형편

수직관계 vs 평행관계

아래 그림에서 수직과 평행을 찾아 색연필로 표시해보세요.

수직관계	평행관계
두 선이 만난 각이 직각을 이루는 관계	한 선에 수직인 두 선을 그었을 때, 두 선이 서로 만나지 않는 관계
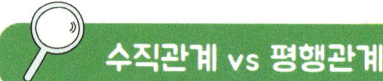	

수직관계 vs 평행관계

아래 글자에서 수직과 평행을 찾아 색연필로 표시해보세요.

수직관계	평행관계
두 선이 만난 각이 직각을 이루는 관계	한 선에 수직인 두 선을 그었을 때, 두 선이 서로 만나지 않는 관계
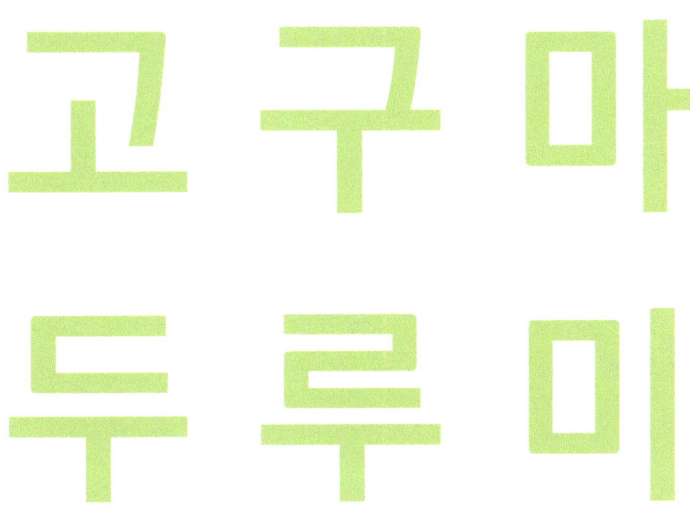	

고 구 마
두 루 미

밀고, 돌리고, 뒤집어요!

 구체물이나 평면도형의 밀기, 돌리기, 뒤집기 활동을 통하여 위치 변화를 이해해요.

준비물

필기구, 가위, 풀

보조준비물: 거울, 자

활동 방법

1. 평면도형의 위치 변화를 이해하는 활동이에요.
2. 평면도형의 밀기, 돌리기, 뒤집기에 대한 방법을 이해해요.

- 단순한 모양의 밀기, 돌리기, 뒤집기는 쉽지만, 복잡한 모양은 어렵게 여겨질 수 있어요. 여러 번 연습하면 할 수 있으니 반복 연습이 필요해요. 또한 기준을 정하여 기호로 표시하고 시작하면 비교적 쉽게 할 수 있어요.

평면도형의 밀기

평면도형의 밀기를 알아보세요.

도형을 위, 아래, 왼쪽, 오른쪽으로 밀면 모양이 변하지 않고 위치만 변해요.

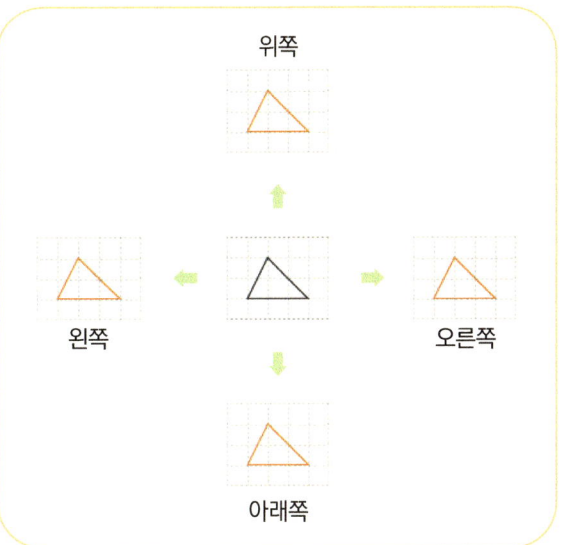

도형편 63

 평면도형 돌리기

평면도형의 돌리기를 알아보세요.

시곗바늘이 돌아가는 것처럼 90°, 180°, 270°, 360° 돌리면 색의 위치와 모양이 변해요.

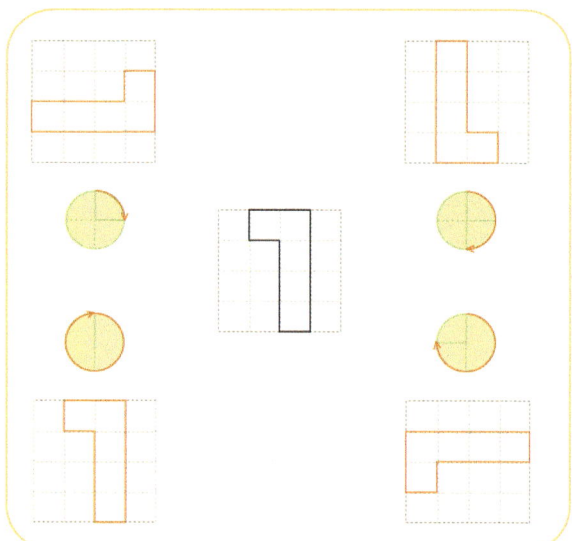

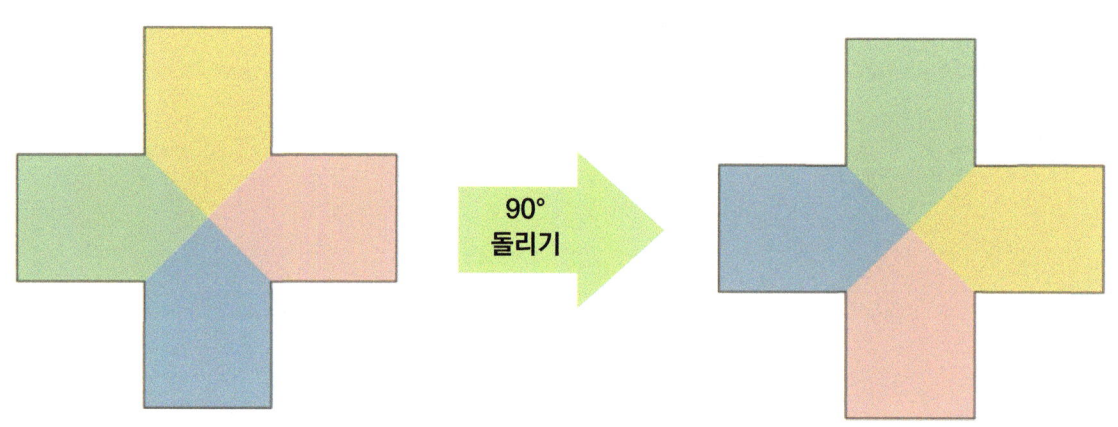

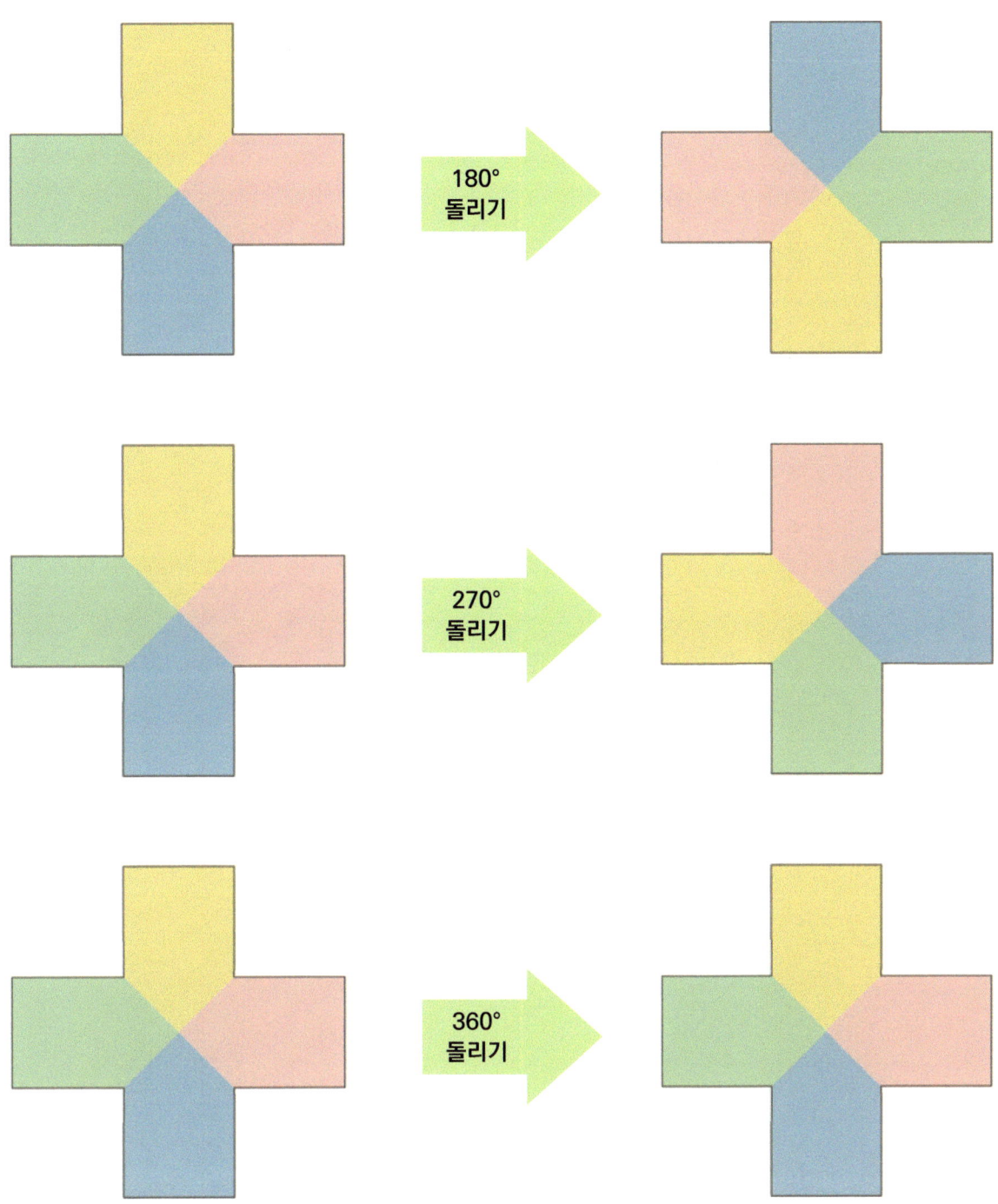

평면도형 뒤집기

평면도형의 뒤집기를 알아보세요.

뒤집을 방향에 거울을 놓고 거울에 비치는 모습처럼 그리면 도형을 뒤집어 그릴 수 있어요.

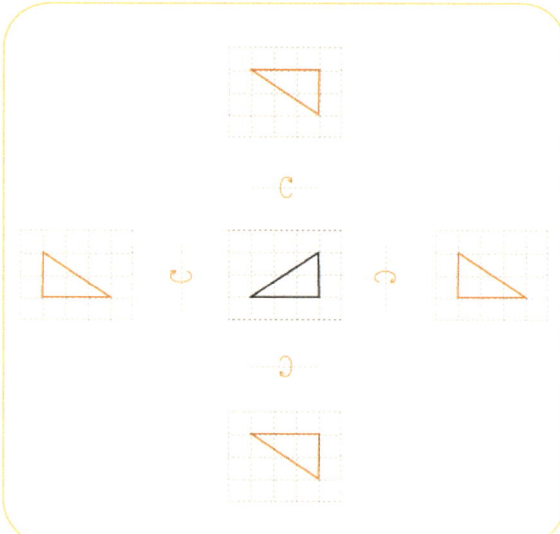

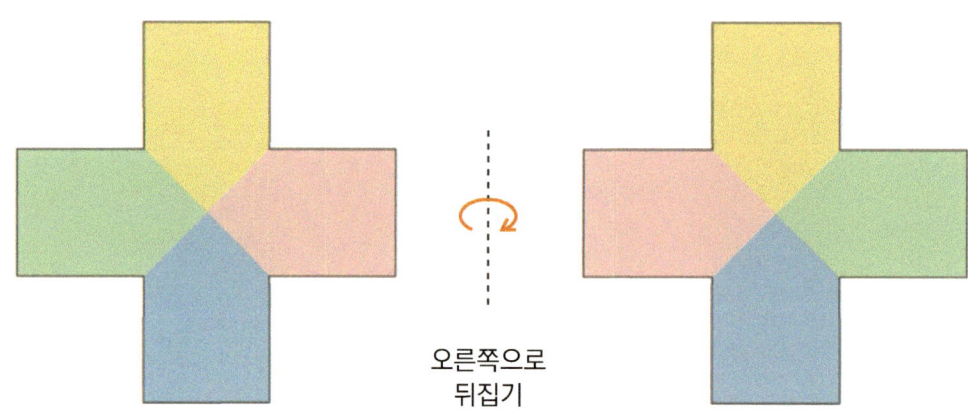

오른쪽으로
뒤집기

평면도형 밀기, 돌리기, 뒤집기

보기를 보고 십자모양을 잘라 지시에 따라 붙여보세요.

보기

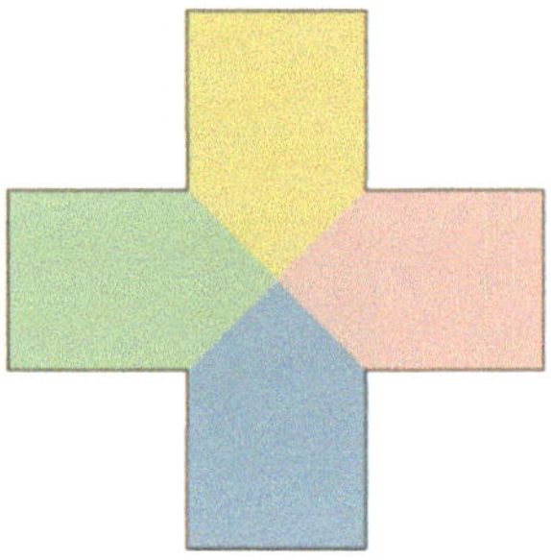

오른쪽으로 밀기

90° 돌리기

위로 뒤집기

잘라서 사용하세요.

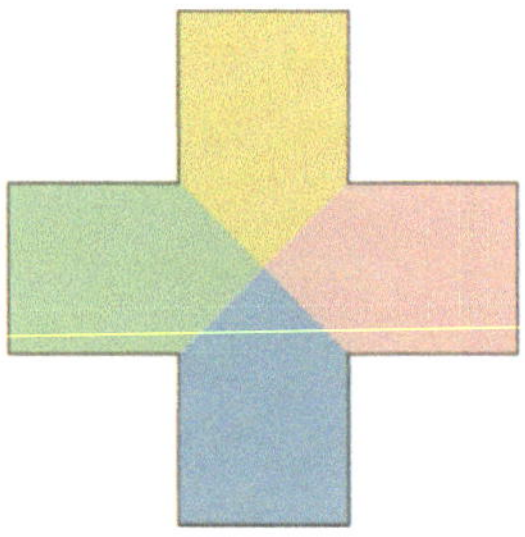

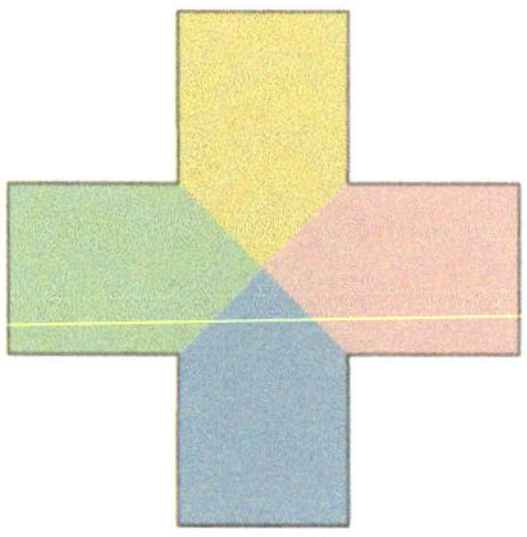

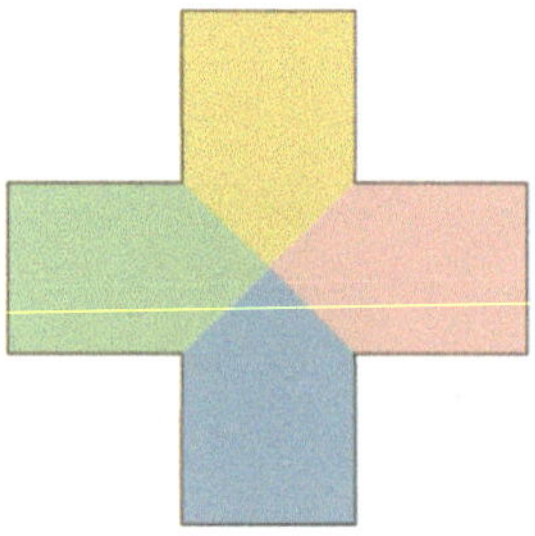

평면도형 밀기, 돌리기, 뒤집기

보기를 보고 주어진 조건에 맞춰 십자모양을 그려보세요.

보기

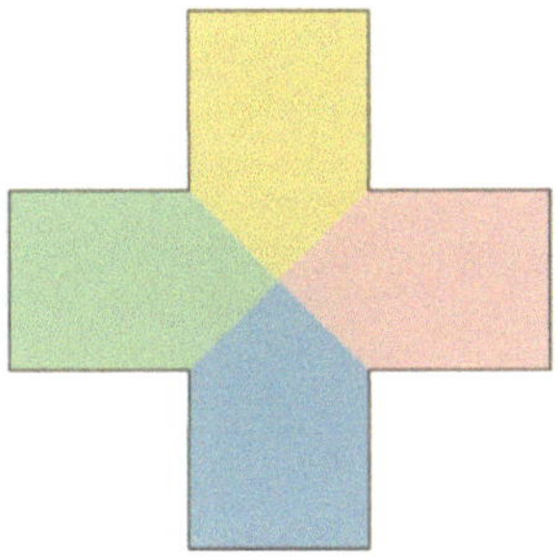

오른쪽으로 밀기

90° 돌리기

위로 뒤집기

모눈종이 그리기

모눈종이 그리는 방법

1. 어디부터 그릴지 점을 찍어 기준을 정해요.
2. 점을 기준으로 위, 아래, 왼쪽, 오른쪽 중 하나를 먼저 정해 칸의 개수를 세어요.
3. 나머지도 하나씩 칸을 세어 완성해보아요.

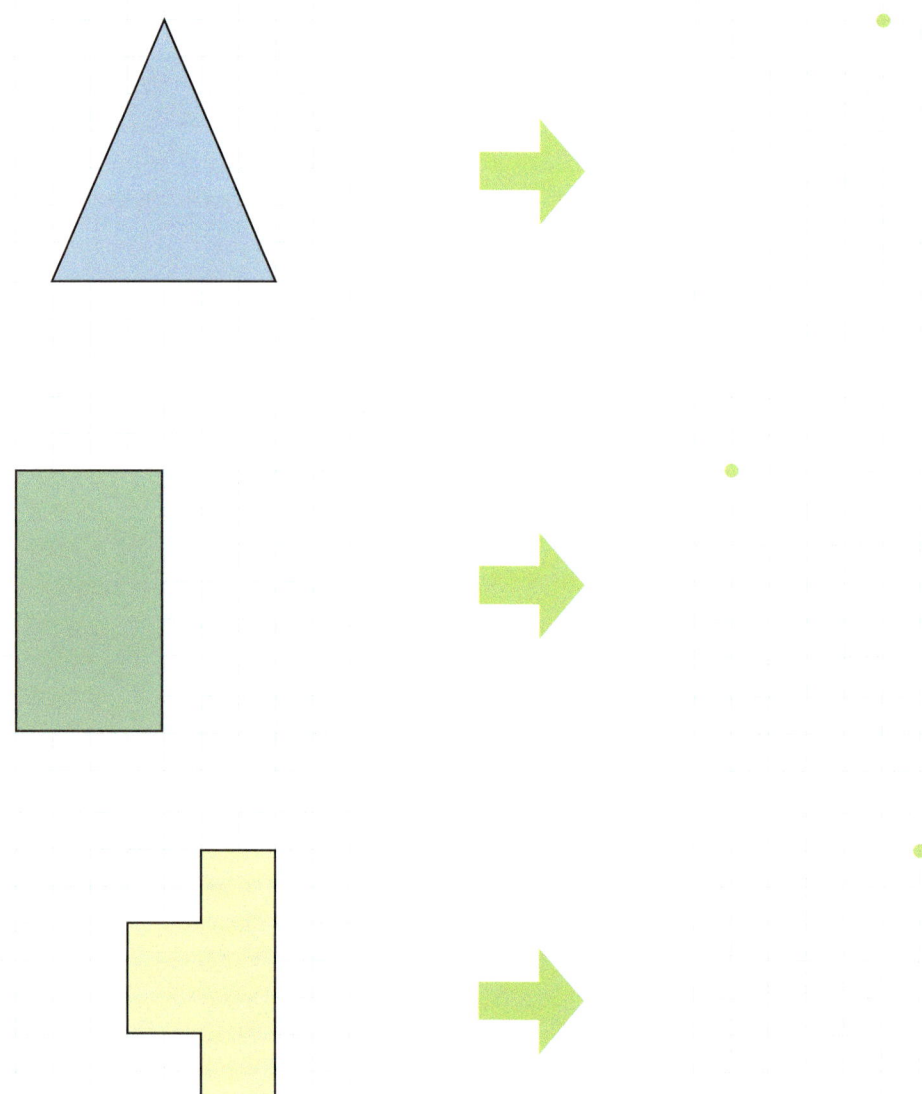

그리기 - 평면도형의 밀기

- 도형을 위, 아래, 왼쪽, 오른쪽으로 밀면 모양이 변하지 않고 위치만 변해요.

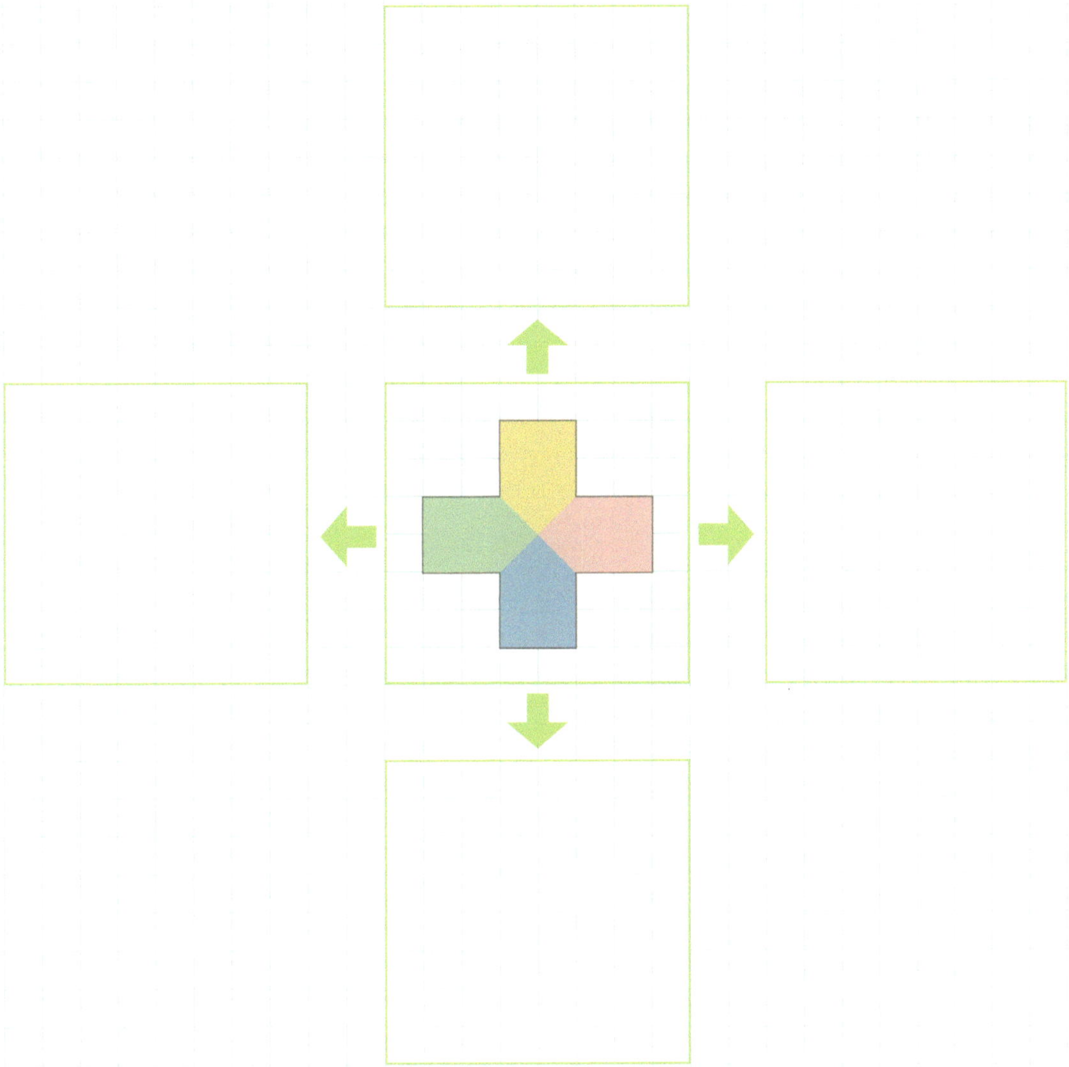

그리기 - 평면도형의 돌리기

- 시곗바늘이 돌아가는 것처럼 90°, 180°, 270°, 360° 돌리면 색의 위치와 모양이 변해요.

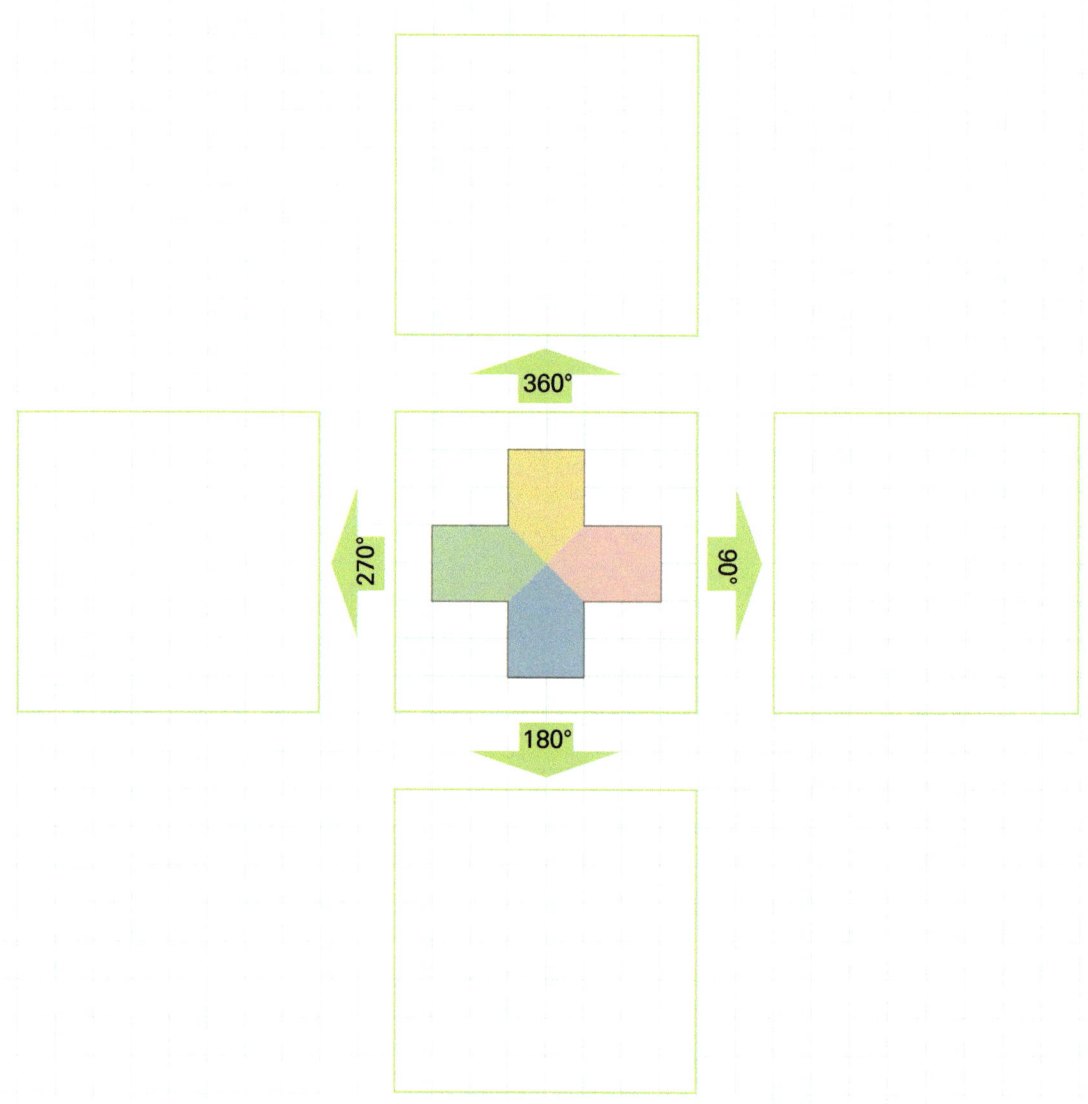

그리기 - 평면도형의 뒤집기

- 뒤집을 방향에 거울을 놓고 거울에 비치는 모습처럼 그리면 색의 위치와 모양이 변해요.

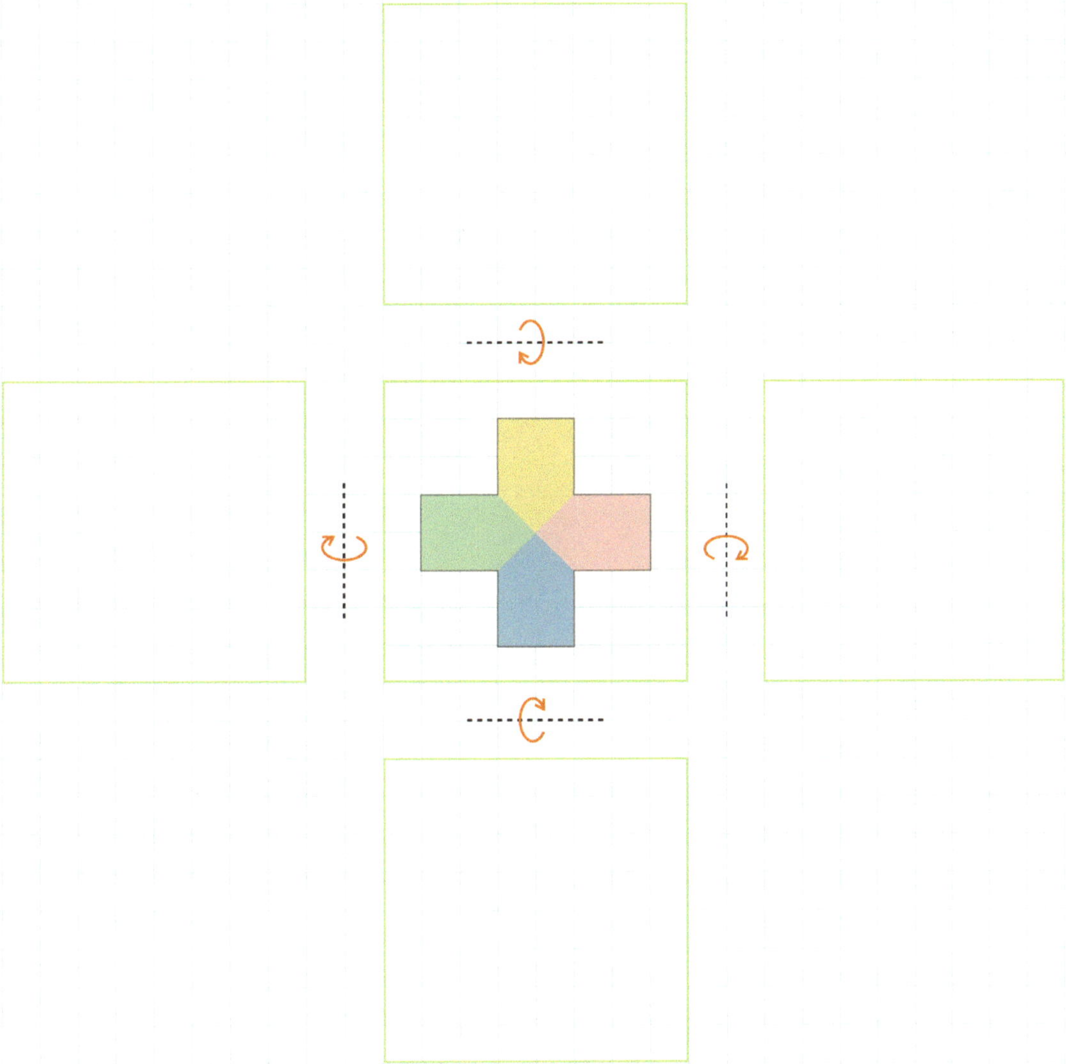

규칙적인 무늬를 만들어 보아요!

 평면도형의 이동을 이용하여 규칙적인 무늬를 꾸밀 수 있어요.

준비물

필기구, 색 펜이나 색연필

활동 방법

1. 평면도형의 밀기, 돌리기, 뒤집기를 통해 규칙적인 무늬를 만들어보는 활동이에요.
2. 앞 단원에서 학습했던 밀기, 돌리기, 뒤집기를 복습하여 다양한 무늬를 표현해요.

- 무늬 만들기는 어디서부터 시작해야 할지 몰라 어려울 수 있으니, 기준점을 정하는 것이 중요해요. 다양한 무늬 만드는 연습을 반복하다 보면 쉽게 만들 수 있어요.

평면도형의 밀기로 규칙적인 무늬(패턴) 그리기

밀기
- 도형을 위, 아래, 왼쪽, 오른쪽으로 밀면 모양이 변하지 않고 위치만 변해요.

왼쪽 기준이 되는 도형을 오른쪽에 반복적으로 그려주세요.
밀기는 모양이 변하지 않으니까요!

평면도형의 돌리기로 규칙적인 무늬(패턴) 그리기

1. 왼쪽 기준이 되는 도형을 왼쪽 첫 번째 칸에 그려주세요.
2. 90° 돌린 도형을 왼쪽 두 번째 칸에 그려주세요.
3. 두 번째 그린 도형을 기준으로 90°돌린 도형을 아랫줄 왼쪽에서 두 번째 칸에 그려주세요.
4. 세 번째 그린 도형을 기준으로 90°돌린 도형을 아랫줄 가장 왼쪽 칸에 그려주세요.
5. 돌려 그린 4칸 한 세트를 오른쪽에 '밀기'로 그려주세요.

정답 :

평면도형의 뒤집기로 규칙적인 무늬(패턴) 그리기

1. 왼쪽 기준이 되는 도형을 왼쪽 첫 번째 칸에 그려주세요.
2. 첫 번째 칸에 그린 도형의 오른쪽에 거울을 두고 뒤집은 그림을 첫 번째 줄 왼쪽 두 번째 칸에 그려주세요.
3. 첫 번째 칸에 그린 도형의 아래 가로 방향에 거울을 두고 뒤집은 그림을 아랫 줄 가장 왼쪽 칸에 그려주세요.
4. 3번 그림의 오른쪽 세로 방향에 거울을 두고 뒤집은 그림을 두 번째 줄 왼쪽 두 번째 칸에 그려주세요.
5. 뒤집어 그린 4칸 한 세트를 오른쪽에 '밀기'로 그려주세요.

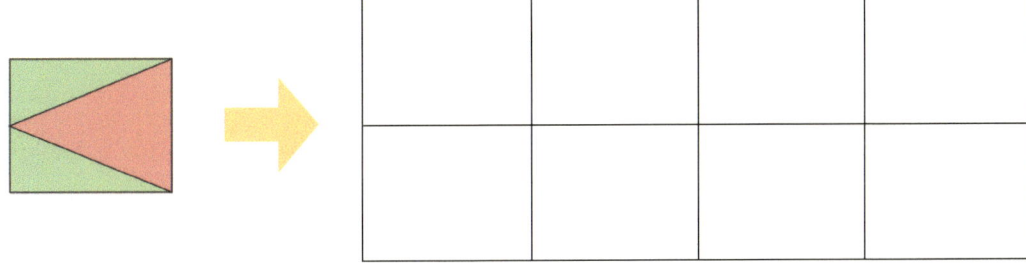

정답: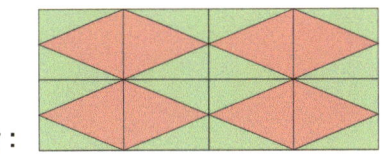

원에 대해 알아봐요!

 원의 중심, 지름, 반지름을 알고 그 관계를 이해해요.

준비물

필기구

보조준비물: 자, 컴퍼스

활동 방법

1. 원의 중심, 지름, 반지름이 무엇인지를 알고, 다양한 원 그리기를 이해하는 활동이에요.
2. 컴퍼스를 사용하지 않고 실생활에서 원 그리는 방법을 이야기해요.
3. 원의 중심, 지름, 반지름의 정의를 배워요.
4. 다양한 원 그리기를 통해 규칙적인 무늬를 만들어요.

- 원을 그릴 때 시작한 부분과 끝부분이 만나지 않아 어려울 수 있어요. 한 손을 움직이지 않게 고정하고 다른 손으로 그리는 방법을 연습하면 좋아질 수 있으니 반복해서 연습해요.

원 그리기

1. 왼손으로 종이 컴퍼스 한쪽 구멍에 연필심을 고정해요.
2. 오른손으로 종이 컴퍼스 다른 쪽 구멍에 연필심을 고정해요.
3. 왼손은 고정시키고 오른손으로 조심히 돌려가며 원을 그려주세요.

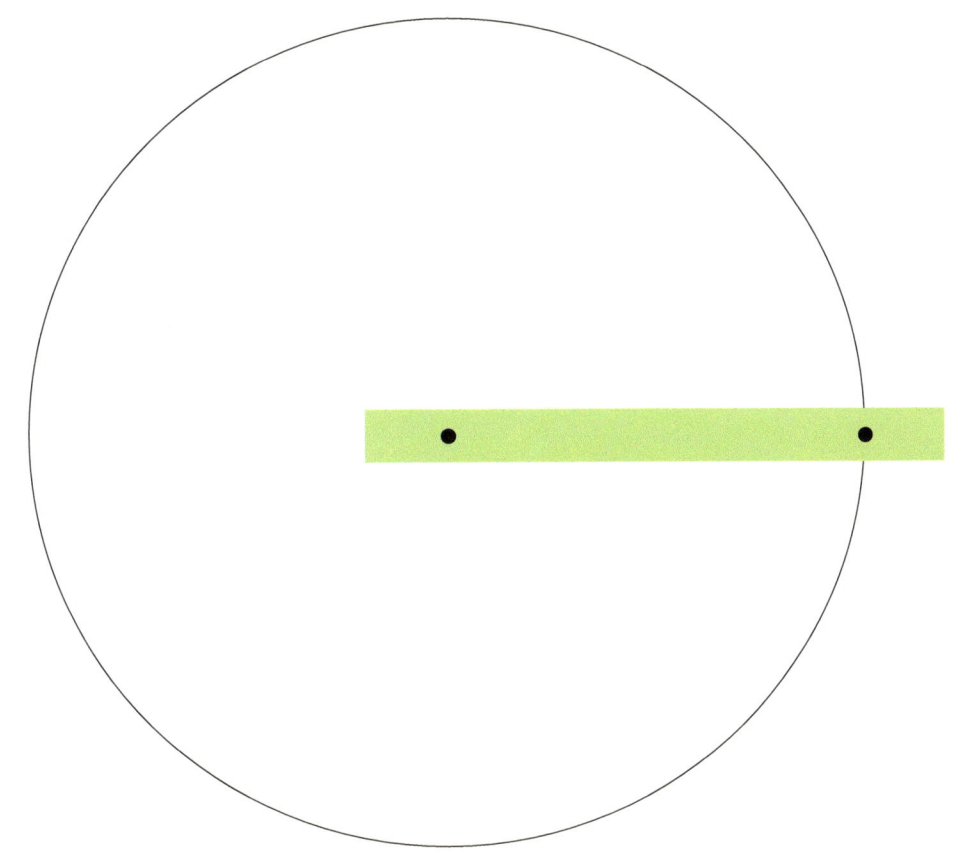

잘라서 사용하세요.

원의 중심, 지름, 반지름

원의 중심, 지름, 반지름에 대해 알아보세요.

	원의 중심	원의 지름	원의 반지름
정의	원의 가장 안쪽에(가운데) 있는 점	원 위의 두 점을 이은 선분이 원의 중심을 지나는 선	원의 중심과 원 위의 한 점을 이은 선분
그림			
직접 그려보기			

도형편

컴퍼스로 원 그리기

컴퍼스로 원 그리는 방법

1. 중심이 되는 점 (●)을 정해요.
2. 컴퍼스를 원의 반지름만큼 벌립니다.
3. 컴퍼스의 침을 점 (●)에 꽂고 반원을 그립니다.
4. 반원을 더 그려 원을 완성합니다.

1

2

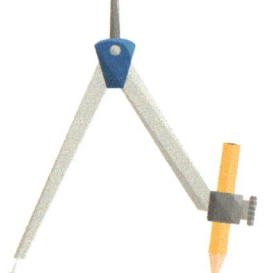

3

4

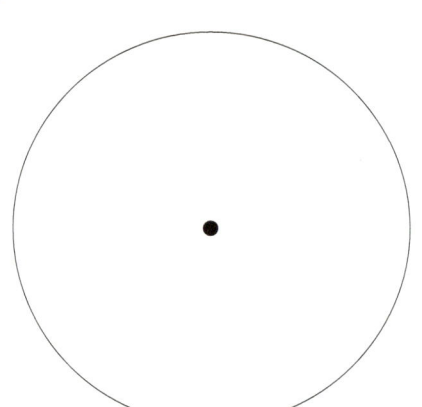

컴퍼스를 사용하여 다양한 크기의 원을 마음대로 그려보세요.

크기가 다양한 원에서 원의 중심, 지름, 반지름 찾아보기

컬링(curling) 경기를 아시나요?

컬링은 1998년 처음으로 동계올림픽 정식경기로 채택되었어요. 돌(컬링스톤)을 밀고 닦으며 움직여서 반대쪽 원의 중심에 가깝도록 이동해 승부를 내는 경기예요.

규칙성이 있는 원 그리기

반지름이 1cm씩 늘어나는 규칙이 있는 원을 그려보세요.

 잘라서 사용하세요.

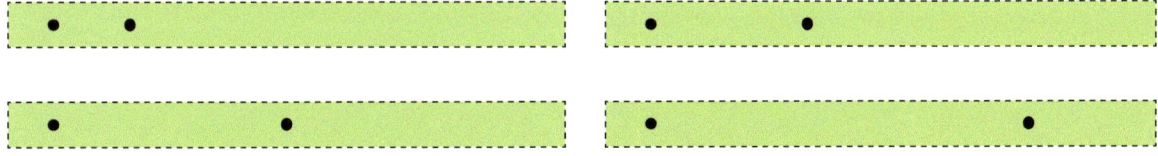

규칙성이 있는 원 그리기

반지름이 2cm인 같은 크기의 원을 그려보세요.

✂ 잘라서 사용하세요.

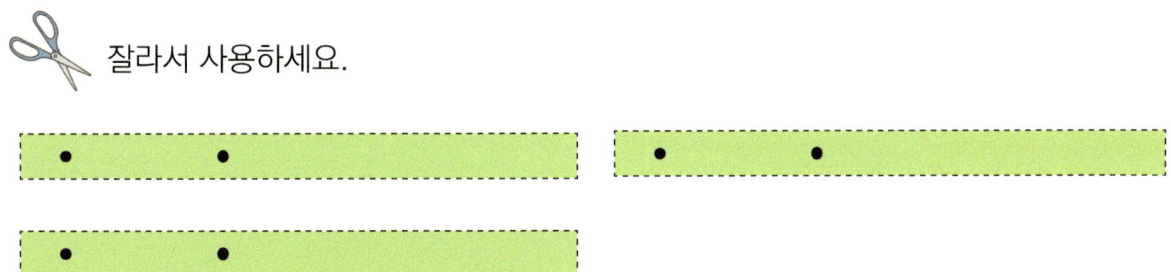

규칙성이 있는 원 그리기

왼쪽 원의 중심에서부터 반지름이 1cm씩 늘어나는 규칙이 있는 원을 그려보세요.

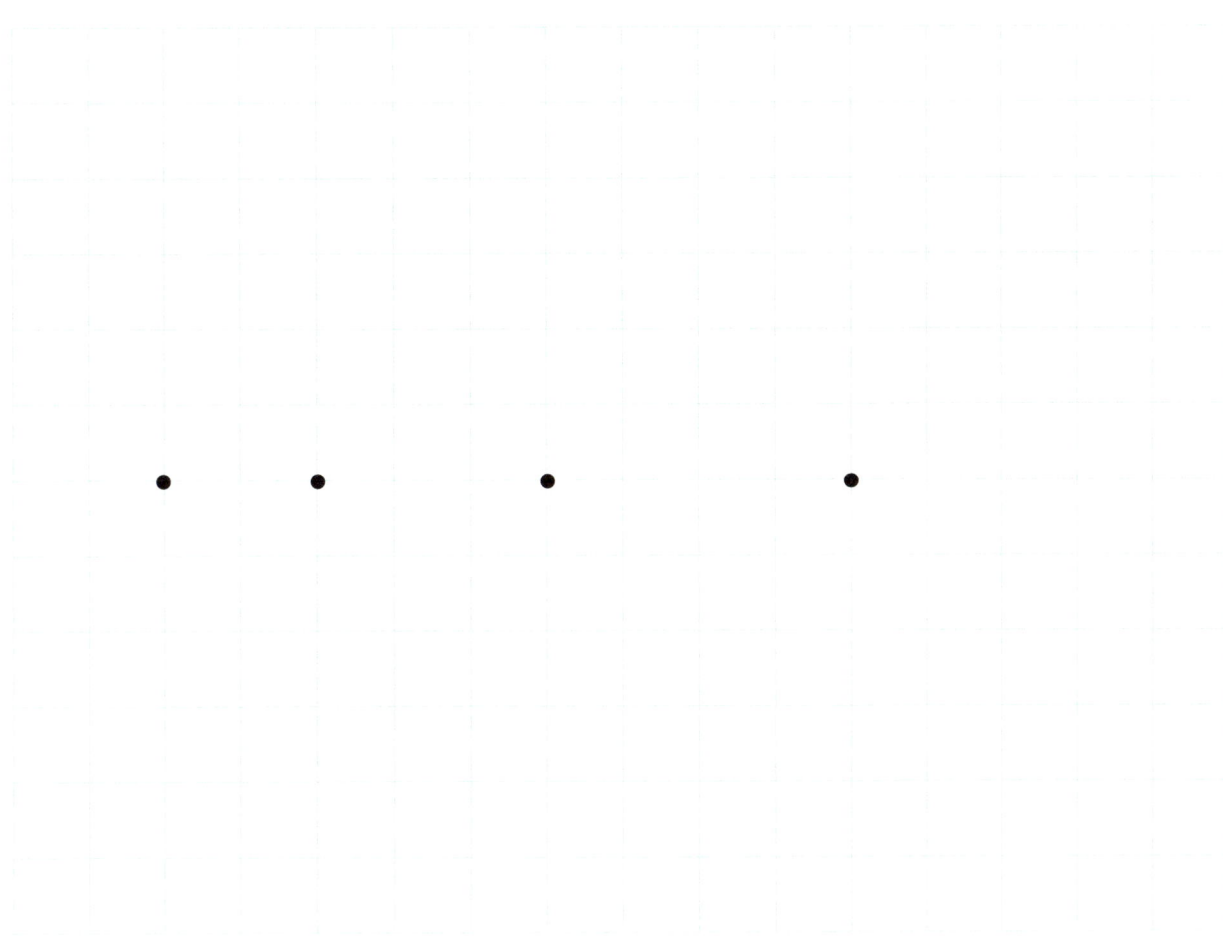

 잘라서 사용하세요.

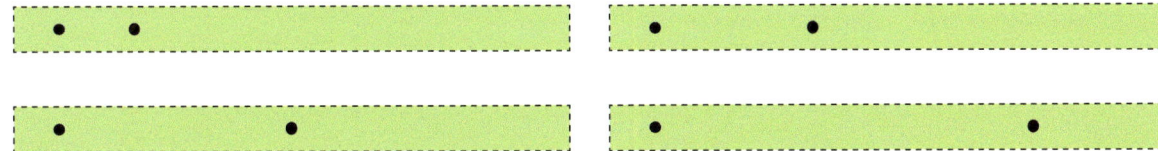

규칙성이 있는 원 그리기

원으로 여러 가지 모양 그리는 방법 (1)

1. 한 변의 길이가 6cm 인 정사각형을 그려요.
2. 컴퍼스 중심을 빨간 점에 두고 컴퍼스를 숫자 ①만큼 벌려 숫자 ②에 올 때까지 그려요.
3. 컴퍼스 중심을 노란 점에 두고 컴퍼스를 숫자 ③만큼 벌려 숫자 ②에 올 때까지 그려요.
4. 위와 같은 방법으로 파란 점과 초록 점에서도 그려 완성해요.

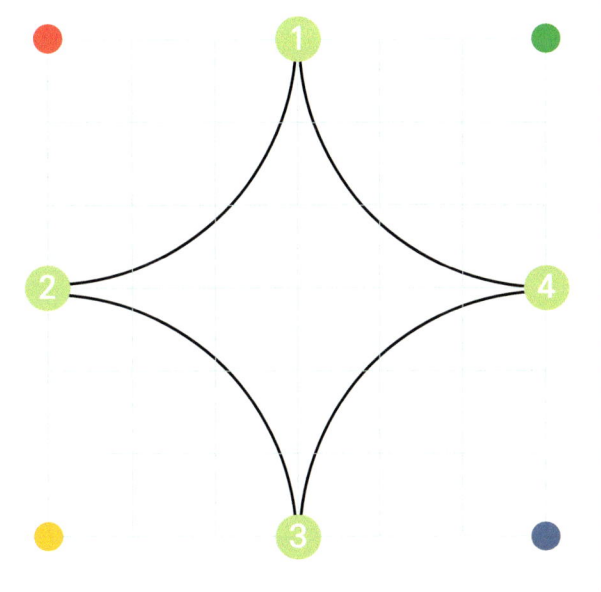

규칙성이 있는 원 그리기

원으로 여러 가지 모양 그리는 방법 (2)

1. 한 변의 길이가 6cm인 정사각형을 그려요.
2. 빨간 점에 컴퍼스의 중심을 두고 노란 점까지 벌린 후, 초록 점까지 그려요.
3. 노란 점에 컴퍼스의 중심을 두고 빨간 점까지 벌린 후, 파란 점까지 그려요.
4. 파란 점에 컴퍼스의 중심을 두고 초록 점까지 벌린 후, 노란 점까지 그려요.
5. 초록 점에 컴퍼스의 중심을 두고 파란 점까지 벌린 후, 빨간 점까지 그려요.

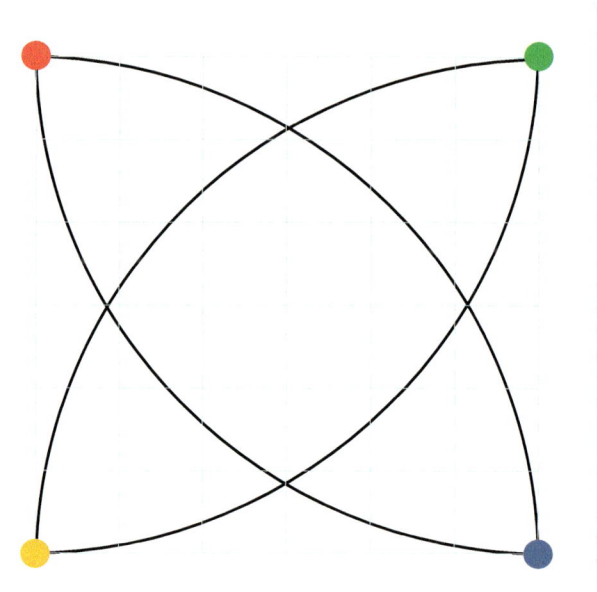

삼각형에도 이름이 있어요!

 여러 가지 모양의 삼각형을 분류하여, 이등변삼각형과 정삼각형을 이해해요.

준비물

필기구

보조준비물: 지오보드 판, 고무줄, 자

활동 방법

1. 이등변삼각형과 정삼각형의 정의를 알고 찾아보는 활동이에요.
2. 이등변삼각형과 정삼각형을 모빌에서 찾아보고 특징을 말해요.
3. 이등변삼각형과 정삼각형의 특징을 알고 지오보드 판에서 삼각형을 만들어요.

- 삼각형은 모두 비슷하게 생겨서 이등변삼각형과 정삼각형을 구분하는 것이 처음에는 어려울 수 있어요. 각 삼각형의 그림과 함께 특징을 이해한 후 직접 그려보며 확인하면 구분하기 쉬워요.

도형편

여러 가지 삼각형

자를 사용하여 삼각형의 길이를 재어보고, 두 변의 길이가 같은 삼각형과 세 변의 길이가 모두 같은 삼각형을 찾아보세요.

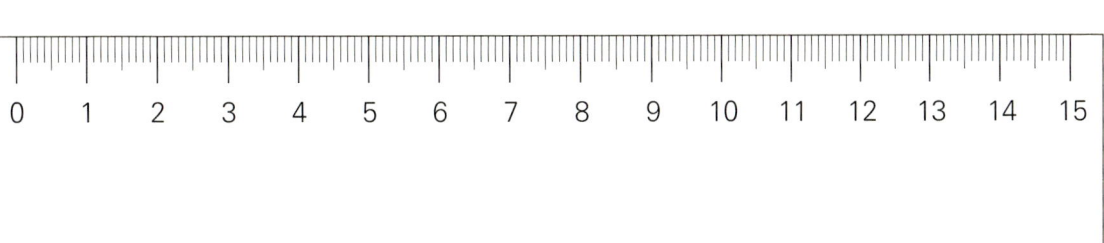

도형편

여러 가지 삼각형

종이 각도자를 사용하여 삼각형의 각도를 재어보고, 두 각의 크기가 같은 삼각형과 세 각의 크기가 모두 같은 삼각형을 찾아보세요.

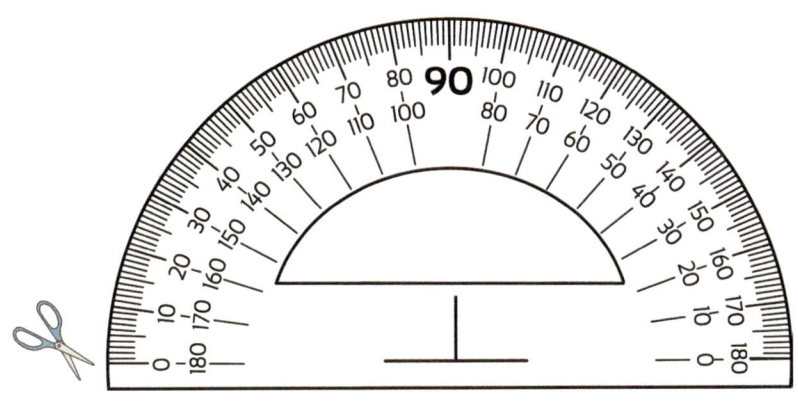

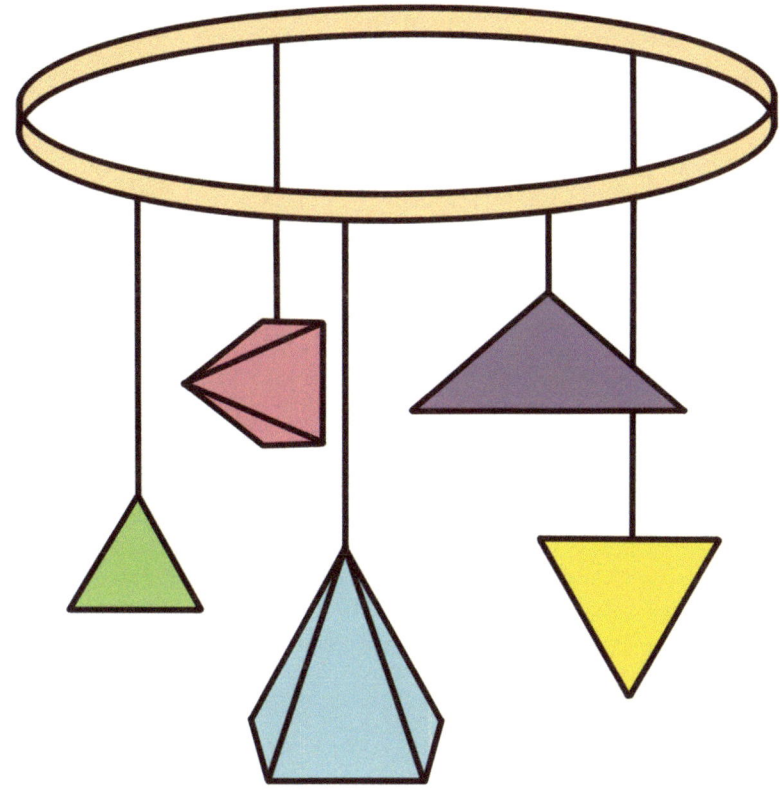

도형편 97

여러 가지 삼각형

자를 사용하여 삼각형의 길이를 재어보고, 두 변의 길이가 같은 삼각형과 세 변의 길이가 모두 같은 삼각형을 만들어보세요.

	이등변삼각형	정삼각형
정의	두 변의 길이가 같은 삼각형입니다.	세 변의 길이가 모두 같은 삼각형입니다.
특징	마주 보는 한 쌍의 각의 크기가 같은 삼각형입니다.	세 각의 크기가 모두 60°인 삼각형입니다.
그림		
빨대를 활용하여 삼각형 만들기		

 잘라서 사용하세요.

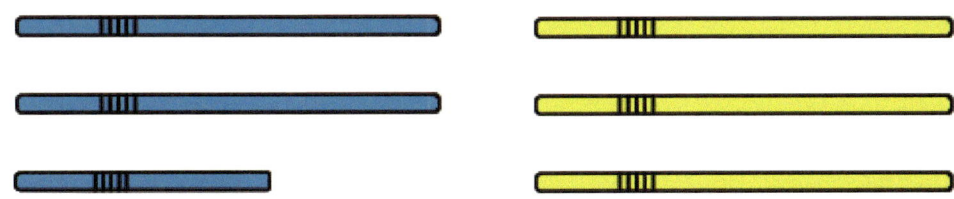

도형편

여러 가지 삼각형

지오보드 판을 활용하여 여러 가지 삼각형을 그려보세요.

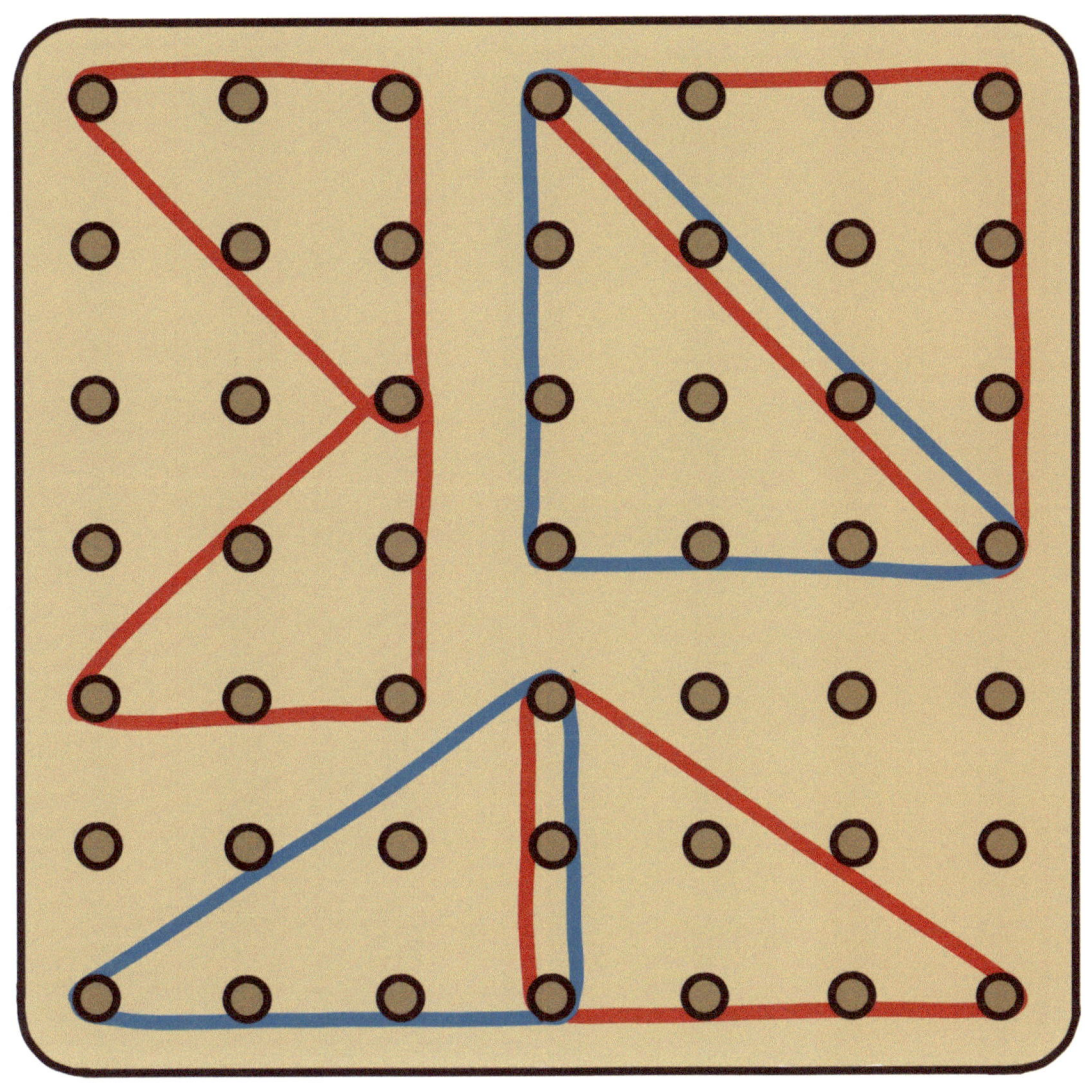

 **여러 가지 삼각형**

지오보드 판을 활용하여 여러 가지 삼각형을 그려보세요.

각의 크기에 따라 이름이 달라요!

 여러 가지 모양의 삼각형을 분류하고 예각, 직각, 둔각삼각형을 이해해요.

준비물

필기구

보조준비물: 원형분수학습기

활동 방법

1. 예각삼각형, 직각삼각형 및 둔각삼각형의 정의를 이해하고 그려보는 활동이에요.
2. 예각, 직각, 둔각을 이해하고 케이크 조각에서 찾아 특징 및 성질을 알아봐요.

- 각을 이해하면 일상에서 도움이 되는 경우가 많아요. 피자나 케이크 같은 구체물이나 모형을 다양하게 잘라보는 연습은 각의 크기를 이해하는 데 도움이 돼요. 원형분수학습기를 활용해도 좋아요.

도형편

 **다양한 크기의 각**

조각 케이크를 보고 각의 크기에 대해 말해보세요.

여러 각도에 따른 삼각형

예각삼각형, 직각삼각형, 둔각삼각형에 대해 알아보세요.

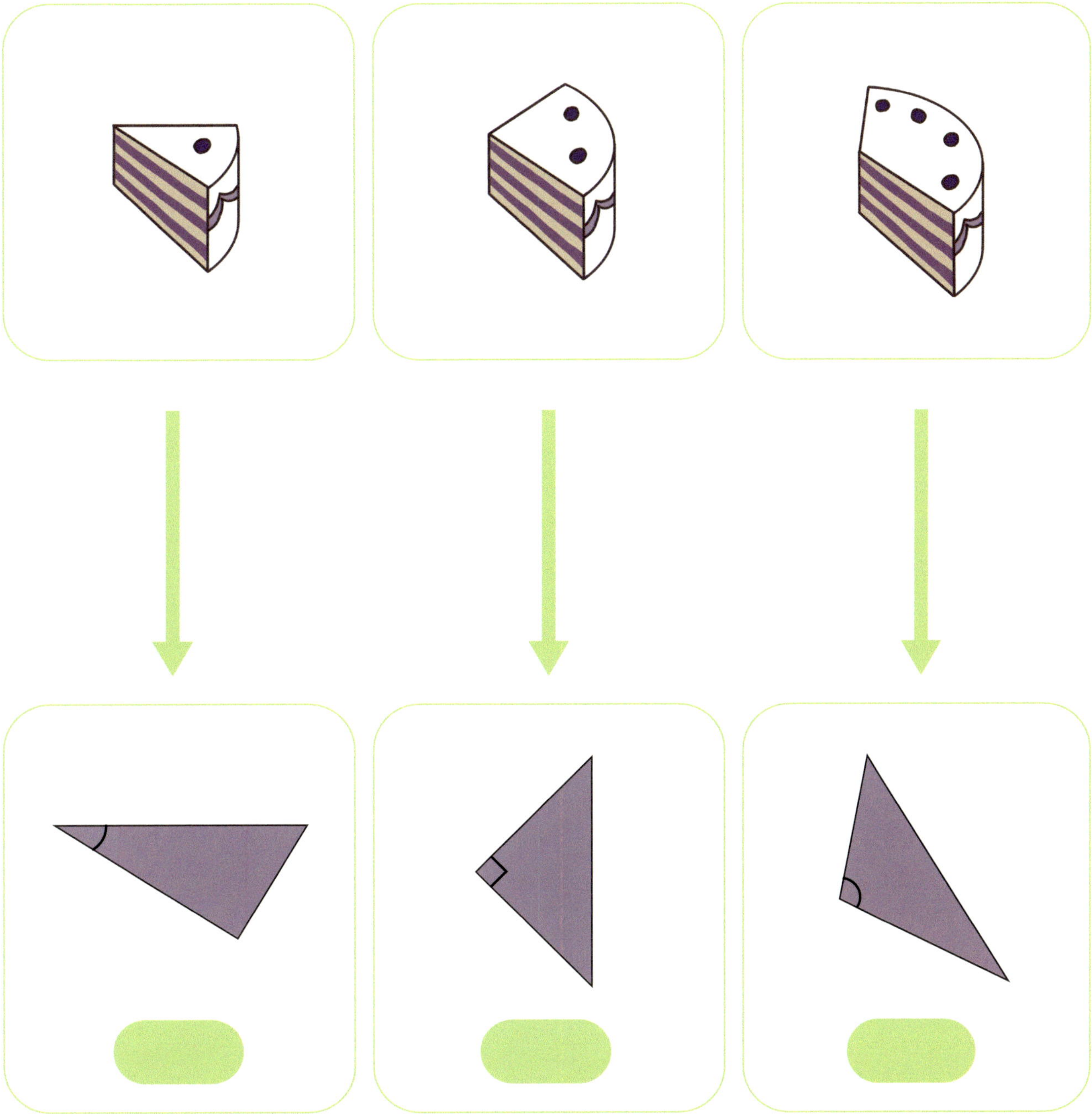

예각삼각형, 직각삼각형, 둔각삼각형

예각삼각형, 직각삼각형, 둔각삼각형에 대해 알아보세요.

	예각삼각형	직각삼각형	둔각삼각형
성질	3개의 변을 가지고 있습니다. 3개의 각을 가지고 있습니다.	3개의 변을 가지고 있습니다. 3개의 각을 가지고 있습니다.	3개의 변을 가지고 있습니다. 3개의 각을 가지고 있습니다.
특징	세 각의 크기가 모두 90°보다 작은 삼각형입니다.	한 각이 직각인 삼각형입니다.	한 각의 크기가 90°가 넘는 삼각형입니다.
그림			

사각형에도 이름이 있어요!

 직사각형, 정사각형, 평행사변형, 마름모, 사다리꼴을 알고, 그 성질을 이해한다.

준비물

필기구

보조준비물: 지오보드 판, 고무줄

활동 방법

1. 여러 가지 모양의 사각형의 이름을 알고 각 특징을 이해하는 보는 활동이에요.
2. 직사각형과 정사각형의 특징과 성질을 이해해요.
3. 사다리꼴, 평행사변형, 마름모의 특징과 성질을 이해해요.
4. 지도보드판에 여러 가지 사각형을 만들어요.

- 우리 주변에 있는 다양한 사각형을 찾아보고, 이름을 알면 사각형을 기억하기 쉬워요.

직사각형과 정사각형에 대해 알아보세요.

	직사각형	정사각형
성질	네 개의 꼭짓점이 있습니다. 네 개의 변이 있습니다. 네 개의 각이 있습니다. 각의 크기는 모두 90°로 같습니다.	네 개의 꼭짓점이 있습니다. 네 개의 변이 있습니다. 네 개의 각이 있습니다. 각의 크기는 모두 90°로 같습니다.
특징	마주 보는 변의 길이가 같습니다.	네 변의 길이가 모두 같습니다.
그림		

사다리꼴, 평행사변형, 마름모

사다리꼴, 평행사변형, 마름모에 대해 알아보세요.

	사다리꼴	평행사변형	마름모
성질	네 개의 변을 가지고 있습니다. 네 개의 각을 가지고 있습니다.	네 개의 변을 가지고 있습니다. 네 개의 각을 가지고 있습니다.	네 개의 변을 가지고 있습니다. 네 개의 각을 가지고 있습니다.
특징	마주 보는 한 쌍의 변이 평행합니다.	마주 보는 두 쌍의 변이 평행하고, 그 길이가 같습니다.	네 변의 길이가 같습니다. 마주 보는 두 쌍의 변이 평행합니다. 마주 보는 꼭짓점을 잇는 두 대각선이 서로 수직 이등분합니다.
그림			

직사각형과 정사각형

지오보드 판을 활용하여 직사각형과 정사각형을 만들어보세요.

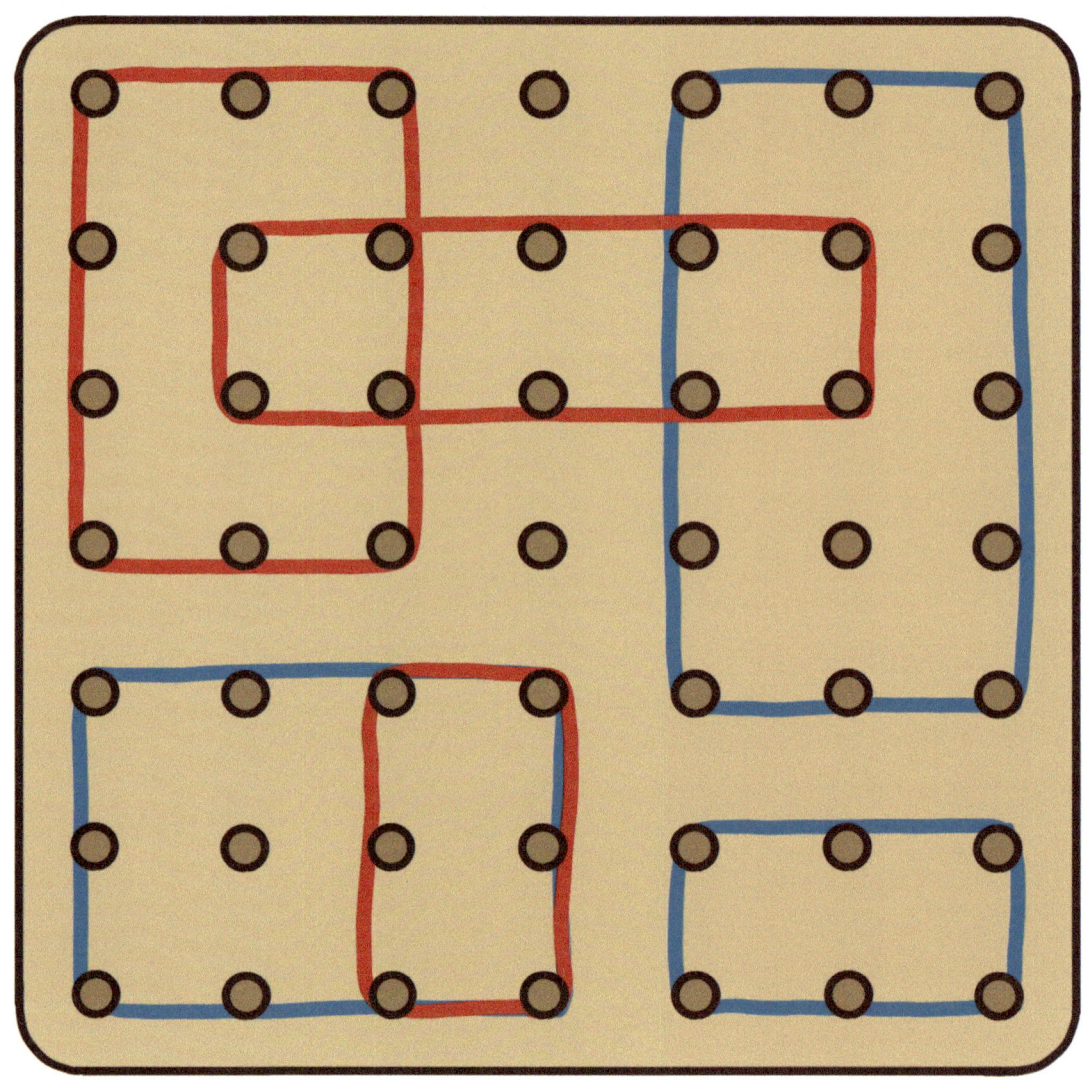

직사각형과 정사각형

지오보드 판을 활용하여 직사각형과 정사각형을 만들어보세요.

사다리꼴, 평행사변형, 마름모를 만들어도 좋아요.

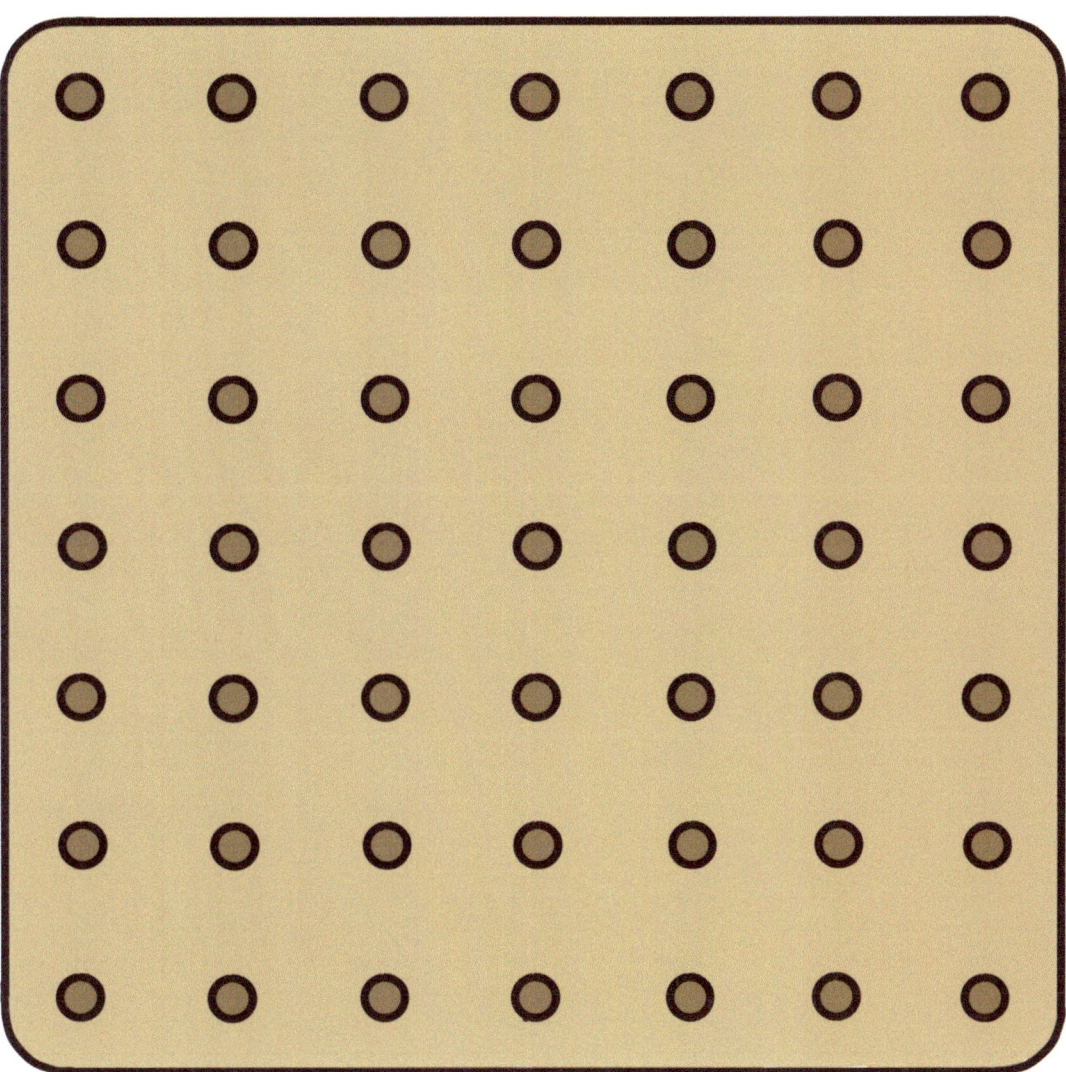

다각형 vs 정다각형

 다각형과 정다각형의 의미를 알아요.

준비물

필기구

활동 방법

1. 다각형과 정다각형의 차이점을 이해하는 활동이에요.
2. 다각형과 정다각형의 특징을 알아봐요.

- 변의 개수가 다른 다각형을 주변에서 찾아보고 다각형과 정다각형을 비교하면 다각형을 쉽게 이해할 수 있어요.

오각형과 정오각형

오각형과 정오각형의 특징을 알아보세요.

	오각형	정오각형
성질	꼭짓점이 5개입니다. 변이 5개입니다.	꼭짓점이 5개입니다. 길이가 같은 변이 5개입니다.
특징	5개 각의 총합은 540°입니다.	5개 각의 총합은 540°입니다. 한 각의 크기는 108°로 모두 같습니다.
그림		

 **육각형과 정육각형**

육각형과 정육각형의 특징을 알아보세요.

	육각형	정육각형
성질	꼭짓점이 6개입니다. 변이 6개입니다.	꼭짓점이 6개입니다. 길이가 같은 변이 6개입니다.
특징	6개 각의 총합은 720°입니다.	6개 각의 총합은 720°입니다. 한 각의 크기는 120°로 모두 같습니다.
그림		

잘라서 사용하세요.

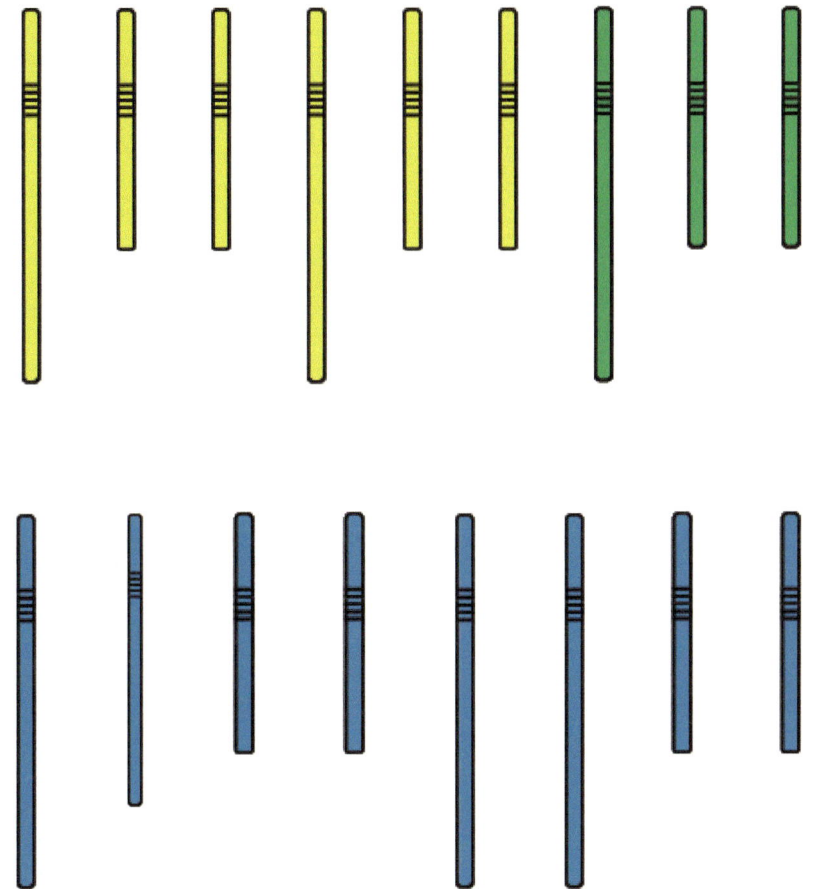

빨대 그림을 잘라 삼각형과 사각형을 만들고 두 도형이 합쳐진 다각형을 그려보세요.

빨대 그림을 잘라 삼각형과 사각형을 만들고 두 도형이 합쳐진 다각형을 그려보세요.

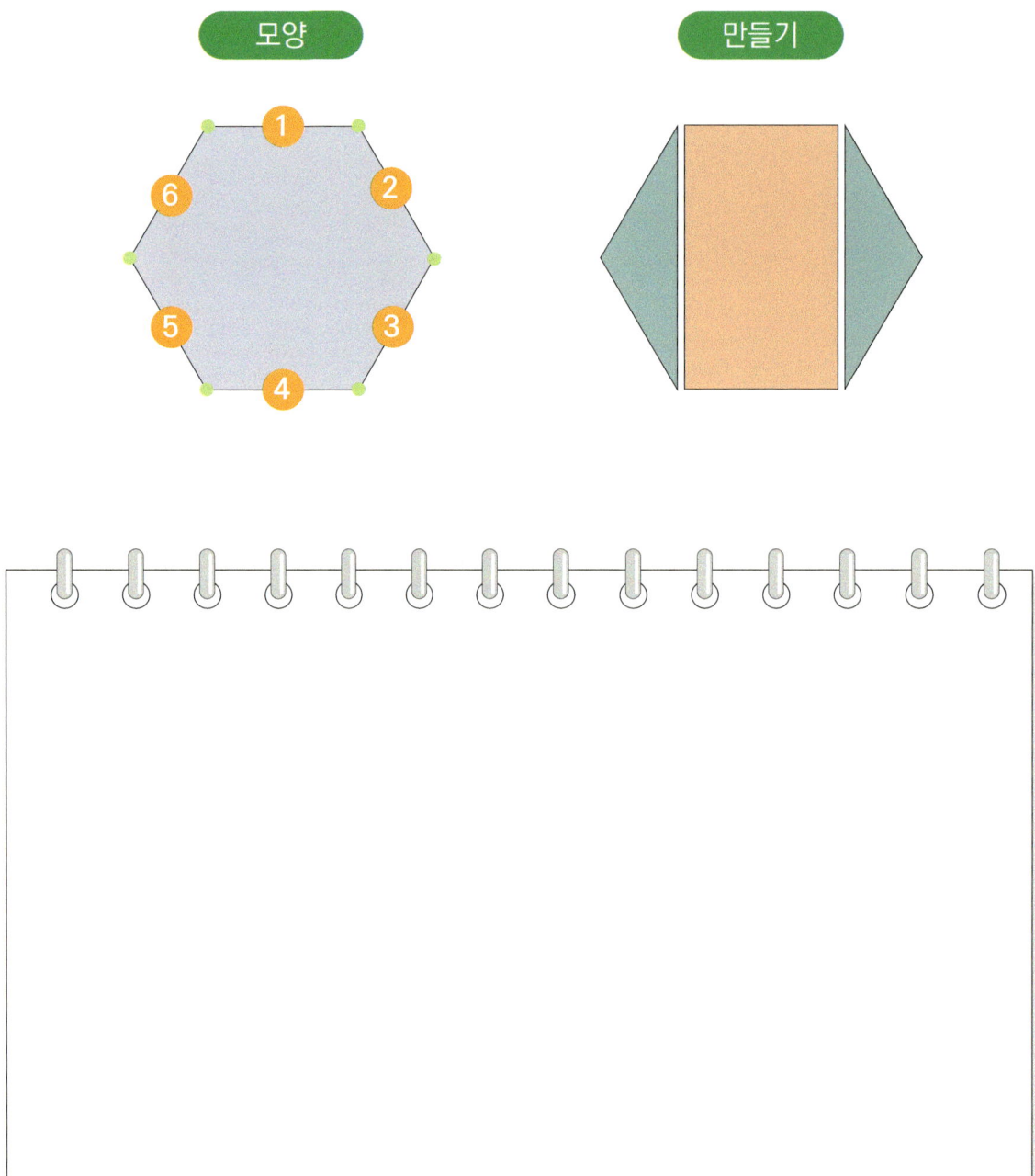

부록

원	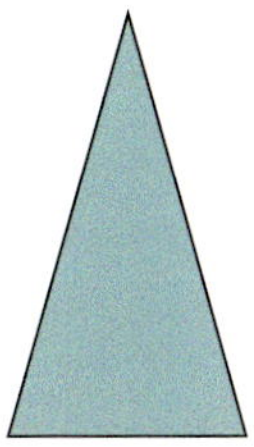 이등변삼각형	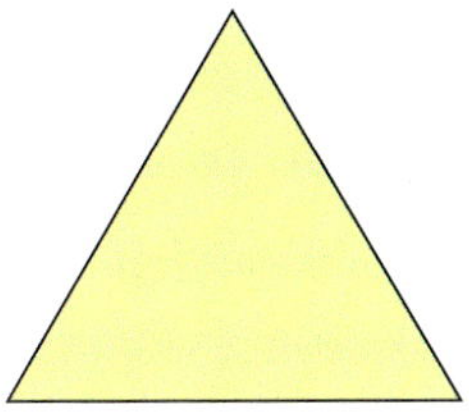 정삼각형	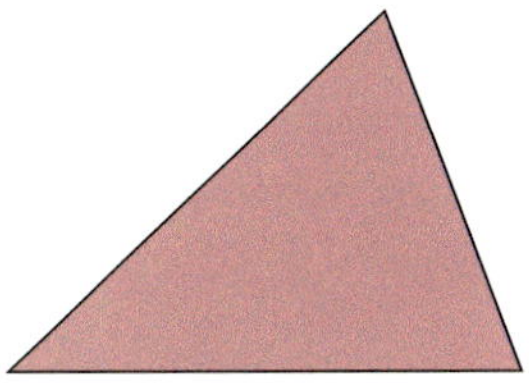 예각삼각형
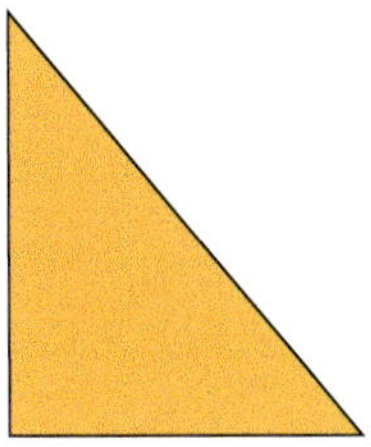 직각삼각형	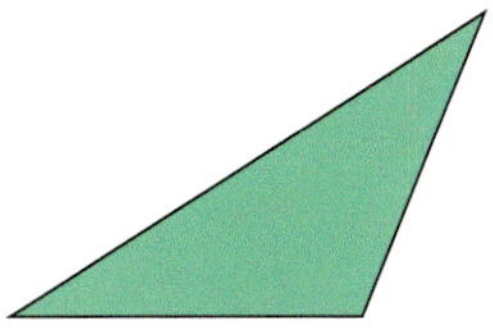 둔각삼각형	직사각형	평행사변형
정사각형	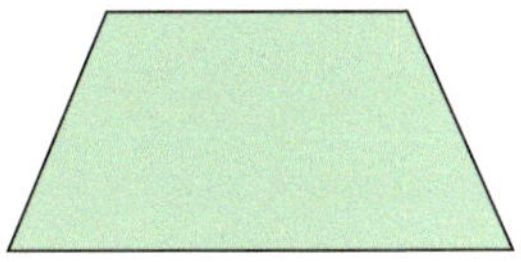 사다리꼴	 마름모	 정오각형
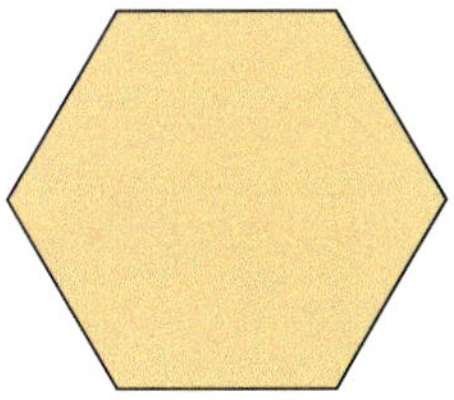 정육각형	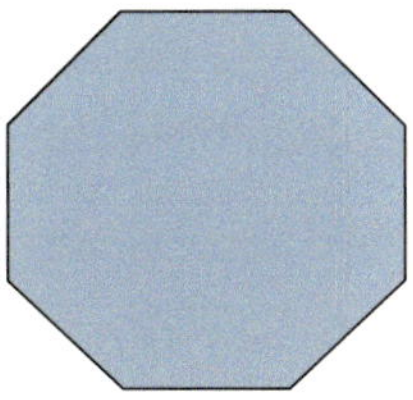 정팔각형		

도형편

입체도형을 알아요!

 입체도형을 이해하고 구성요소를 알아요.

준비물

필기구, 색 펜이나 색연필

활동 방법

1. 입체도형을 알고 이해하는 활동이에요.
2. 입체도형과 평면도형을 자유롭게 비교해요.
3. 가로, 세로, 높이를 알아봐요.
4. 면, 모서리, 꼭짓점을 알아봐요.

- 생활이나 주변에서 쉽게 접할 수 있는 물건으로 입체도형과 평면도형을 구분하는 활동을 해봐요. 입체도형을 더 잘 이해할 수 있어요.

가로, 세로, 높이

우리 주변에 있는 물건 중 가로, 세로만 있는 물건과 가로, 세로, 높이를 가진 물건을 찾아보세요.

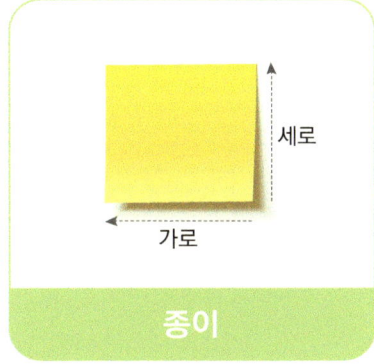
종이

평면도형 2차원

선물상자

입체도형 3차원

컵

입체도형 3차원

입체도형은 '공간'이 생겨요.
공간은 '안'이 있어 무엇인가를 담을 수 있어요.
선물상자 '안'에 선물을 담을 수 있어요.
컵 '안'에 물을 담을 수 있어요.
종이는 '안'이 없어요.

도형편

가로, 세로, 높이

가로, 세로, 높이를 알아보세요.

가로는 입체도형에서 수평방향 거리로,
도형의 왼쪽에서 오른쪽으로 향하는 방향의 길이를 나타내요.
높이는 입체도형의 바닥면에서 전체의 수직방향 거리로,
위에서 아래쪽으로 향하는 방향의 길이를 나타내요.
세로는 입체도형에서 한 면의 높이를 나타내요.

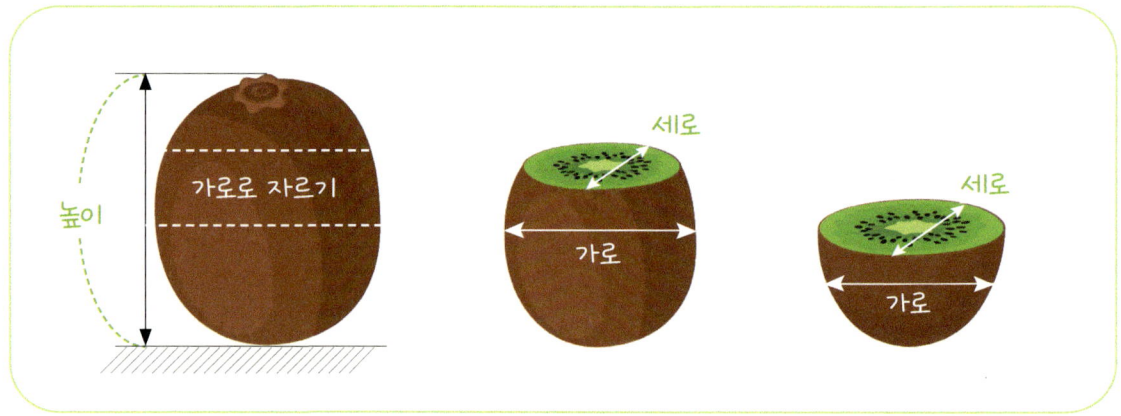

다음 그림에서 가로, 세로, 높이를 찾아보세요.

직육면체일까요? 정육면체일까요?

 직육면체와 정육면체의 차이를 이해할 수 있어요.

준비물

필기구, 색 펜이나 색연필, 가위, 셀로판테이프

보조준비물: 직육면체와 정육면체 구체물

활동 방법

1. 직육면체와 정육면체의 차이를 이해하는 활동이에요.
2. 직육면체와 정육면체의 면, 모서리, 꼭짓점의 수를 비교해요.
3. 직육면체와 정육면체의 면의 모양을 비교해요.
4. 직육면체와 정육면체를 구별해 찾아봐요.

- 직육면체와 정육면체가 어떻게 다른지 구분하기 힘들 수 있어요. 둘 다 비슷한 입체도형으로 보이기 때문이에요. 면의 모양을 보고 구별하는 연습을 다양하게 많이 하는 것이 직육면체와 정육면체를 잘 구별하는 데 도움이 돼요.

면, 모서리, 꼭짓점

각 도형의 면, 모서리, 꼭짓점의 수를 찾아보세요.

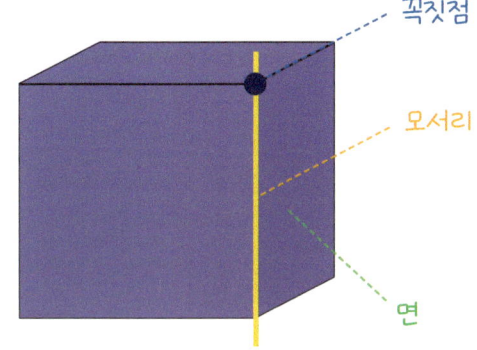

면: 평면도형으로 둘러쌓인 부분이에요.
모서리: 면과 면이 만나서 생기는 선분이에요.
꼭짓점: 모서리와 모서리가 만나는 점이에요.

직육면체

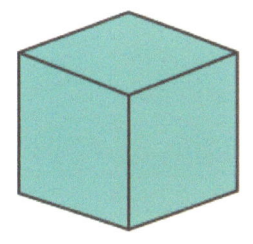
정육면체

면	6	6
모서리	12	12
꼭짓점	8	8

직육면체와 정육면체는 **면**, **모서리**, **꼭짓점**의 수가 같아요.
우리 눈에 두 입체도형이 비슷하게 보이는 것은 이 때문이에요.

직육면체와 정육면체를 만들어 활동하세요.

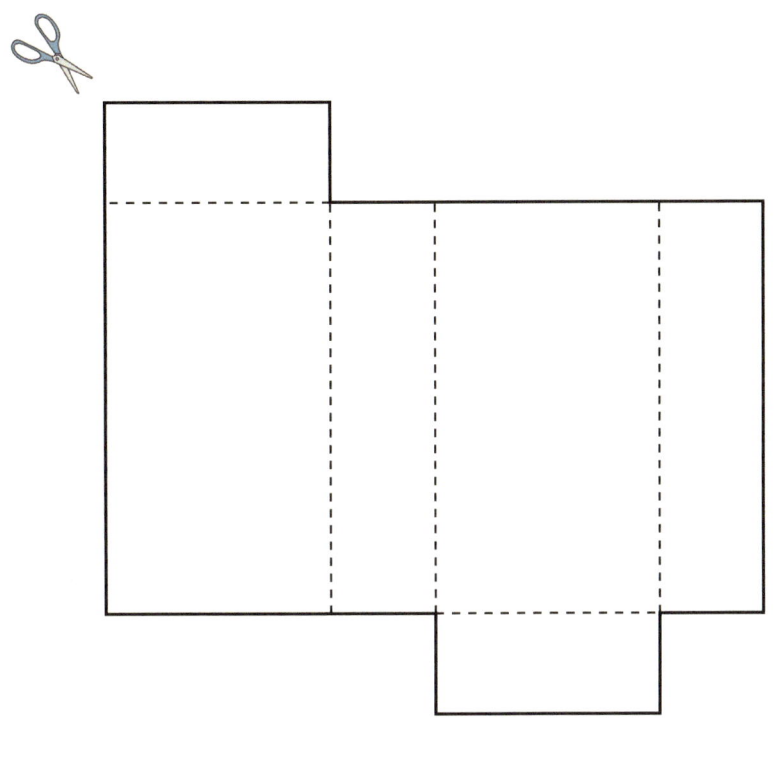

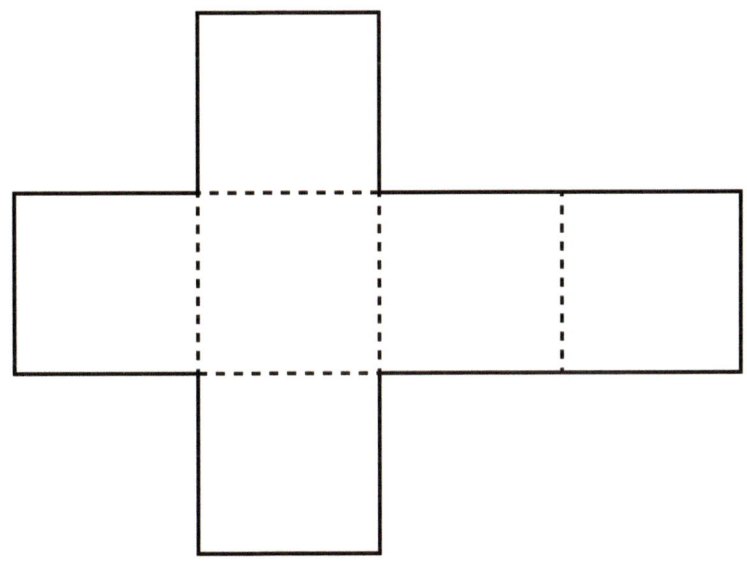

직육면체와 정육면체

직육면체와 정육면체의 특징을 알아보세요.

	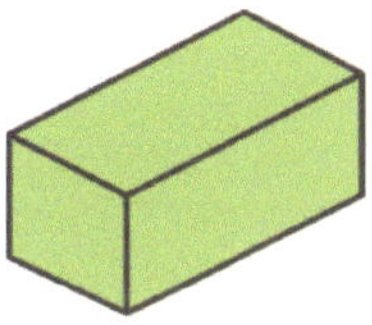	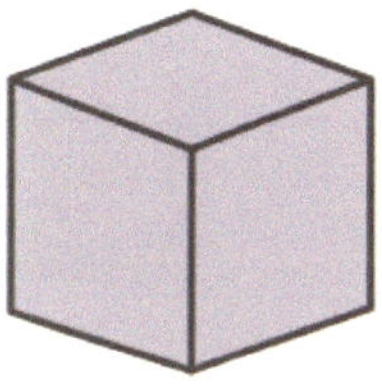
	![]	![]
면의 모양	 직사각형	정사각형
면의 개수	6개	6개
구별	**직사각형 모양의 면** 6개로 둘러싸인 도형 ↓ **직육면체**	**정사각형 모양의 면** 6개로 둘러싸인 도형 ↓ **정육면체**

정육면체는 직육면체에 속해요.
직육면체는 정육면체라고 말할 수 없어요.

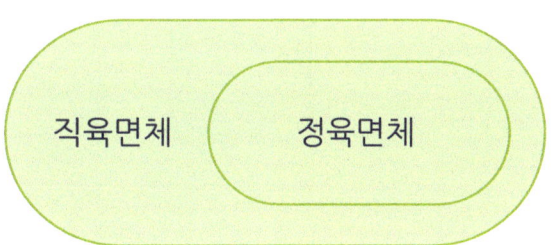

우리 주변에서 볼 수 있는 입체도형이에요.
직육면체와 정육면체를 구별하여 동그라미 표시해보세요.

직육면체와 정육면체 찾기 O, X 게임

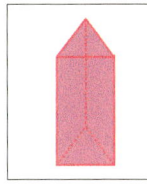 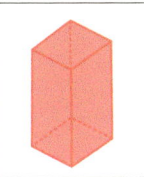 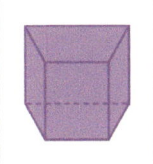  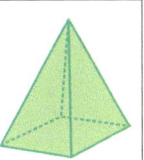 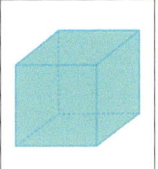

1. 사각형 모양의 면이 있나요?

X   O

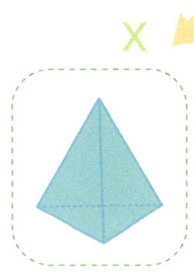   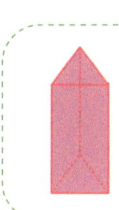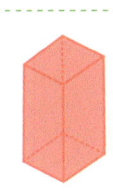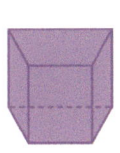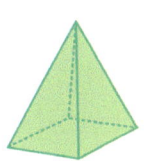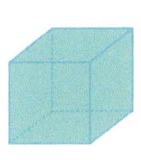

2. 사각형이 모두 6개인가요?

X   O

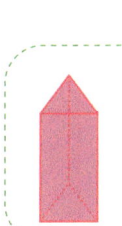 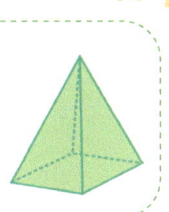   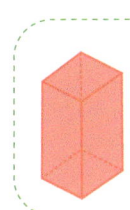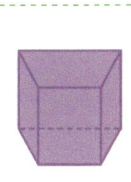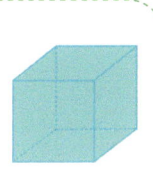

3. 사각형이 모두 직사각형인가요?

X   O

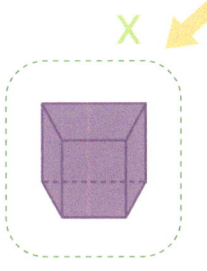   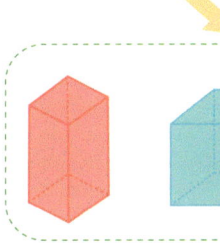

4. 사각형이 모두 정사각형인가요?

X   O

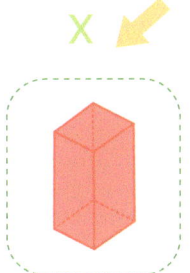   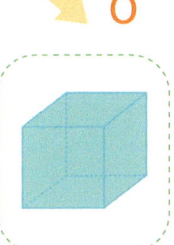

3번 단계 질문에 '그렇다(O)'인 입체도형이 **'직육면체'**에요.
4번 단계 질문에 '그렇다(O)'인 입체도형이 **'정육면체'**에요.

네 번의 질문으로 직육면체와 정육면체를 찾을 수 있어요!

직육면체의 밑면은 3쌍이에요!

 직육면체의 면의 성질을 이해하고 밑면을 알아요.

준비물

필기구, 색 펜이나 색연필, 가위, 셀로판테이프
보조준비물: 직육면체 구체물, 색종이, 풀

활동 방법

1. 직육면체의 밑면을 찾는 활동이에요.
2. 직육면체의 마주보는 면에 긴 종이 띠를 붙여 두 띠가 만나는지 알아봐요.
3. 직육면체의 여러 면을 한 번씩 바닥면에 놓아 밑면과 옆면을 구별해요.

- 밑면은 글자 그대로 '밑에 있는 면'은 아니에요. 입체도형에서 밑면은 '기준이 되는 바닥면'과 마주보는 면이에요. 다른 면을 바닥에 놓으면 밑면이 달라져요.
- 밑면이 여러 개가 될 수 있다는 것이 혼란스러울 수 있어요. 구체물을 활용해 연습하면 직육면체의 밑면이 3쌍이라는 것을 이해하는 데 도움이 돼요.

입체도형 만들기

직육면체 전개도를 오려 입체도형을 만들어요.

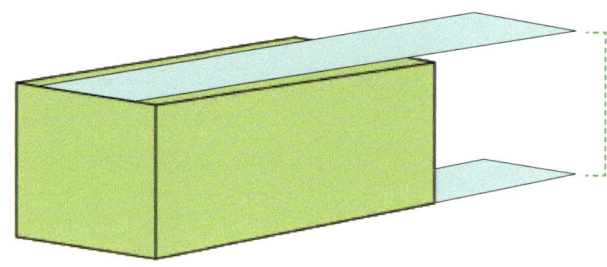

만나지 않아요.
=**평행**이에요.

1. 직육면체에서 면을 계속 늘려도 만나지 않는 평행한 두 면을 '**밑면**'이라고 해요.
   밑면을 같은 색으로 칠하거나 같은 모양의 스티커로 표시해보세요. 종이띠를 밑면에 붙여 평행을 확인해요. 종이띠가 입체도형보다 긴 부분을 오리세요.
2. 이번에는 종이띠를 붙이지 않은 다른 면을 바닥으로 직육면체를 놓아보세요.
3. 위와 같은 방법으로 바닥면과 윗면, 서로 마주 보는 두 면에 종이띠를 붙여주세요.

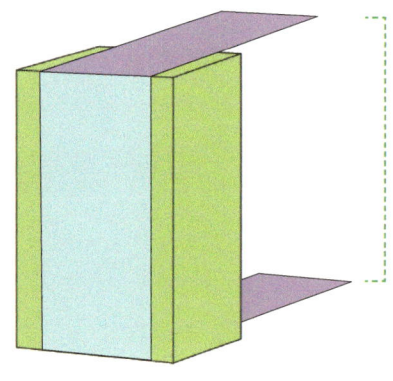

만나지 않아요.
=**평행**이에요.

4. 평행하는 두 면에 같은 색을 칠하거나 같은 모양의 스티커로 표시해보세요.
5. 종이띠가 입체도형보다 긴 부분을 오리세요.
6. 이와 같은 방법으로 남은 한 쌍의 면에도 종이띠를 붙이고, 색을 칠하거나 스티커로 표시해보세요. 입체도형보다 긴 남은 종이띠의 부분을 오리세요.

🔍 입체도형 만들기

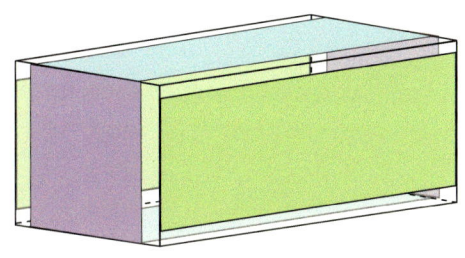

하늘색 면을 바닥에 두었을 때

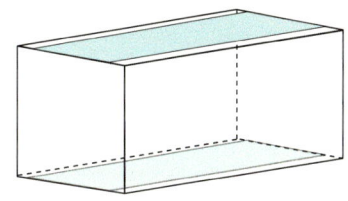

보라색 면을 바닥에 두었을 때

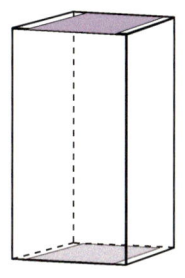

초록색 면을 바닥에 두었을 때

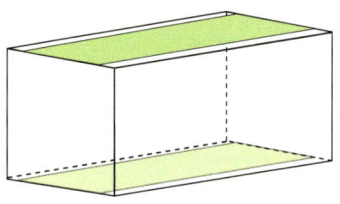

직육면체에서 밑면은 기준이 되는 바닥면과 평행한
마주 보는 면 한 쌍으로 2개예요.
바닥면은 바꿀 수 있으므로 밑면은 총 3쌍이에요.
밑면을 잘 이해하면 다른 입체도형도 쉽게 배울 수 있어요.

도형편

직육면체 전개도

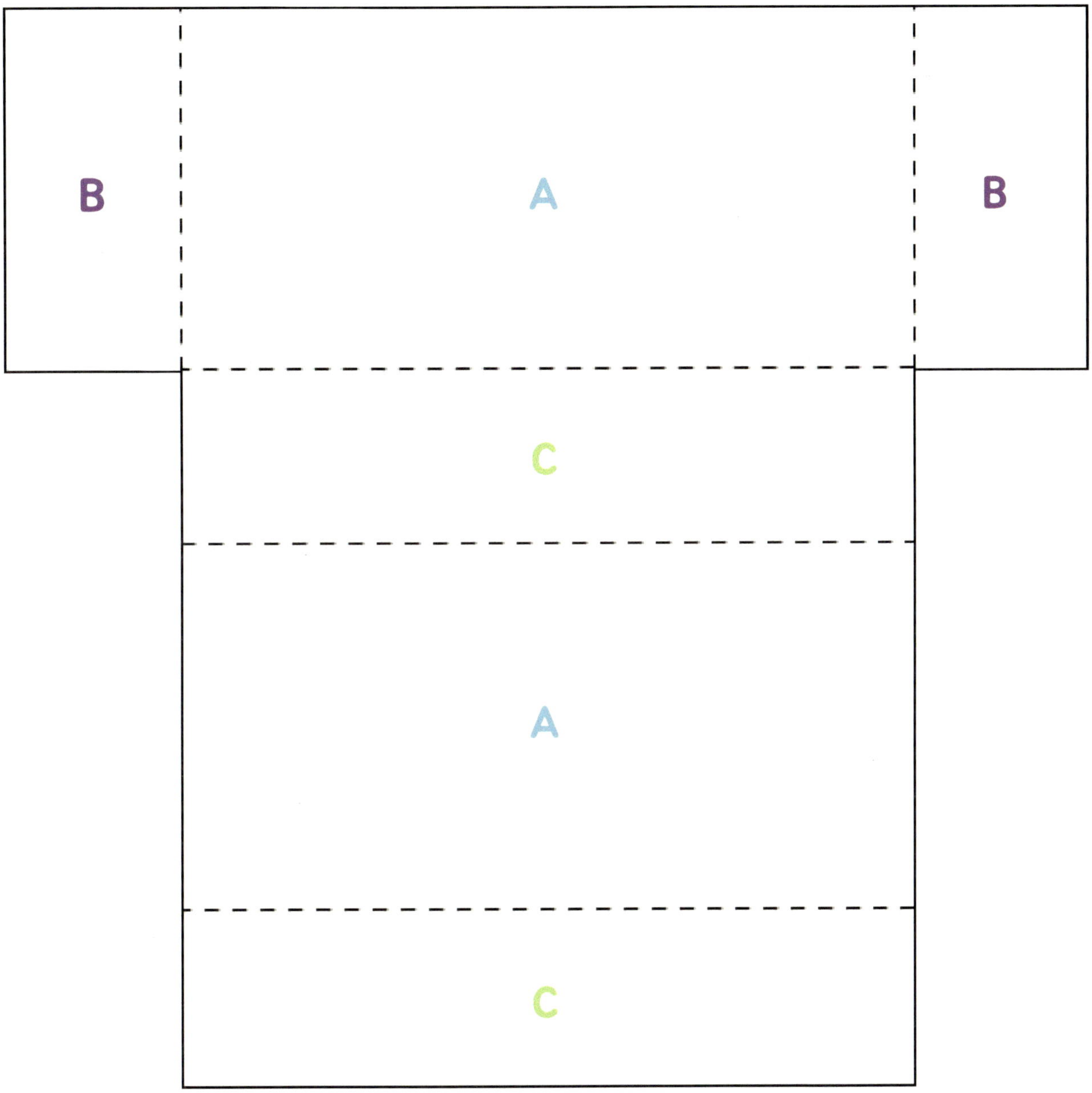

잘라서 사용하세요.

직육면체의 면

직육면체의 옆면을 찾아보세요.

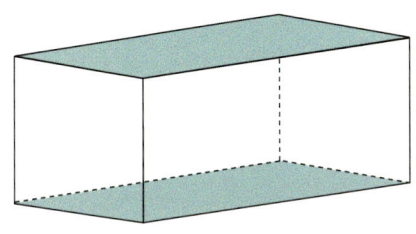

1. 밑면을 먼저 찾아 색칠해요.

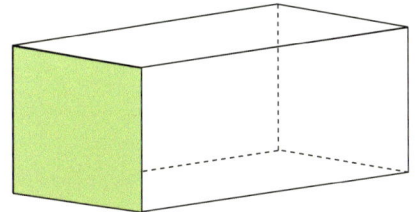

2. 밑면에 수직인 면을 찾아요.
 밑면인 2면을 뺀 남은 4면이 모두
 밑면과 수직인 옆면이에요.

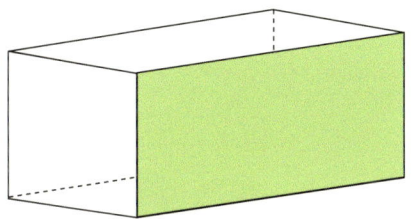

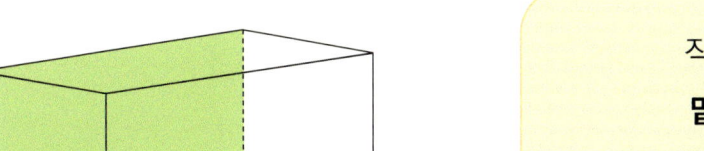

직육면체 6면 중
밑면 ➡ **2면**
옆면 ➡ **4면**

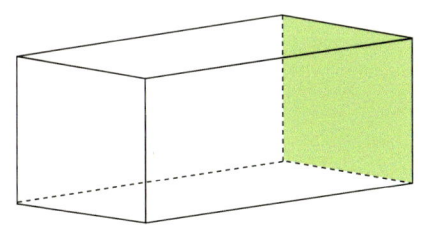

직육면체의 전개도는 여러 개예요!

 직육면체 전개도의 특징을 이해하고 바른 전개도를 찾을 수 있어요.

준비물

필기구, 색 펜이나 색연필, 가위, 셀로판테이프

보조준비물: 자석도형블록(클리코다면체, 로코블록, 러닝맥, 맥 포머스 등)

활동 방법

1. 직육면체의 전개도를 이해하고 찾는 활동이에요.
2. 직육면체의 각 면에 맞는 평면도형을 찾아 연결해요.
3. 평면도형 모서리가 만나도록 연결하여 직육면체의 전개도를 만들어요.
4. 만든 전개도를 접어 입체도형을 만들어요.

- 직육면체의 전개도는 여러 개예요.
- 6개의 면이 있는 전개도라도 직육면체가 되지 않을 수 있어요.
- 직육면체 전개도의 특징을 구체적 조작 활동을 통해 이해하면 쉽고 재미있게 배울 수 있어요.

직육면체의 면

직육면체의 각 면에 맞는 평면도형을 찾아 연결해보세요.

6개의 직사각형으로 이루어진 직육면체 전개도예요.
직사각형을 오려 활동해요.

1. 오린 직사각형 한 세트(6개)를 모서리가 만나도록 연결해보세요.
   그림 위에 배열해도 좋아요.
2. 만든 전개도의 모서리를 셀로판테이프로 붙여 연결한 후 입체도형을 만들어요.
3. 사각형들을 다르게 배열해 다양한 직육면체 전개도를 만들어보세요.

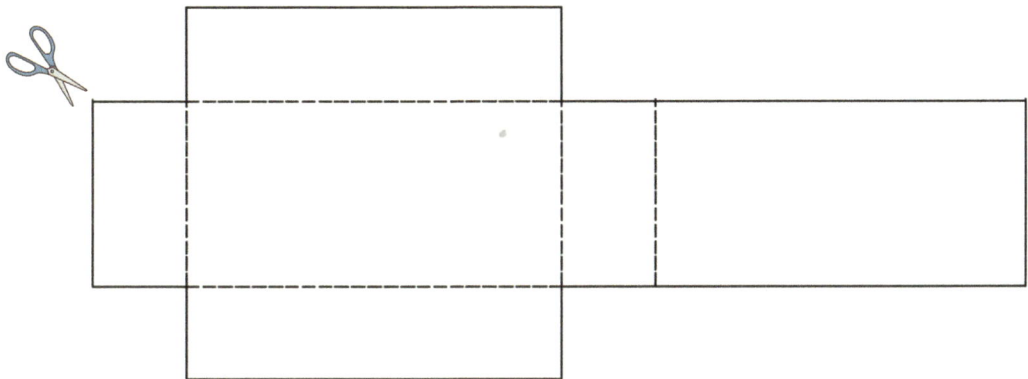

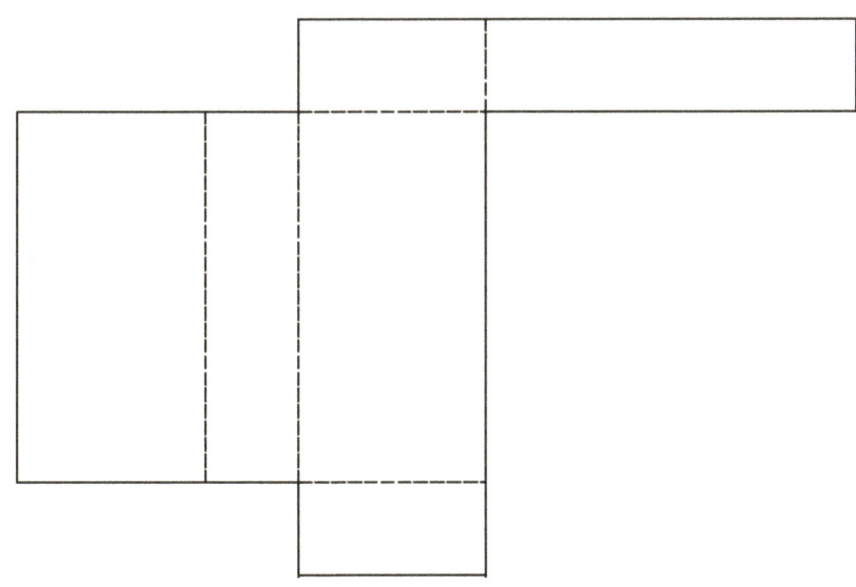

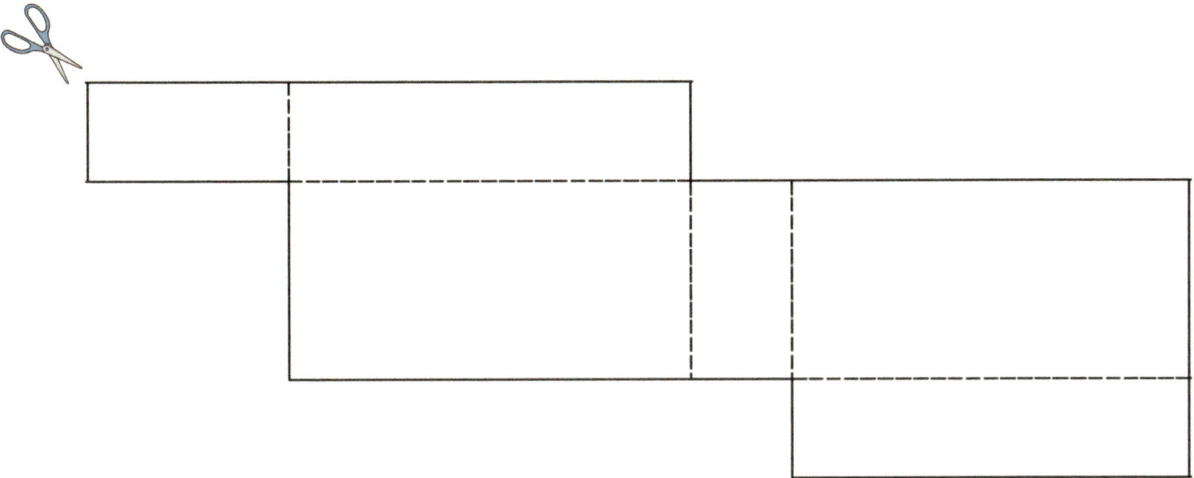

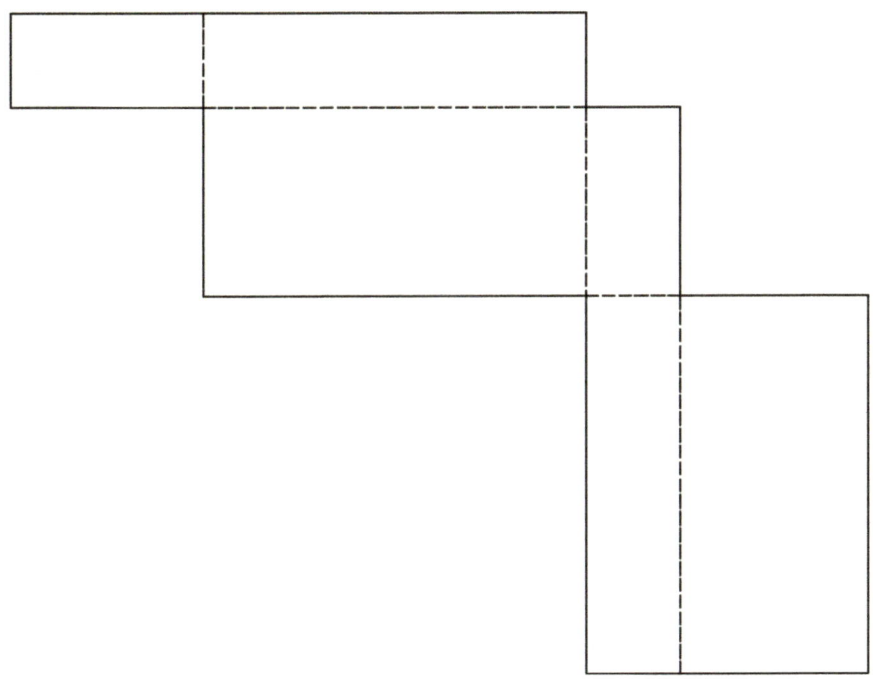

도형편

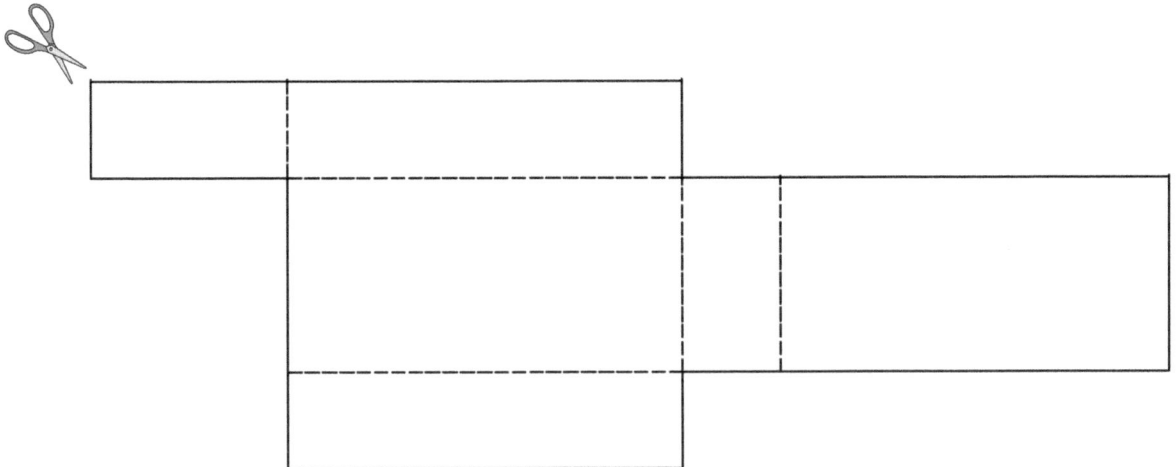

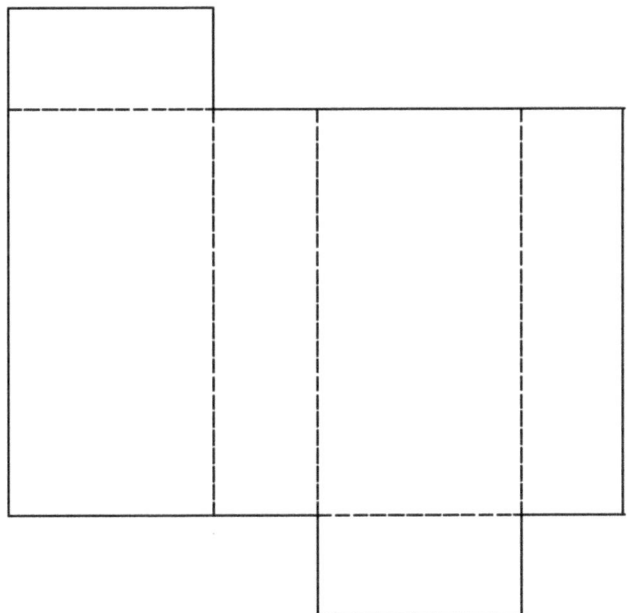

도형편 149

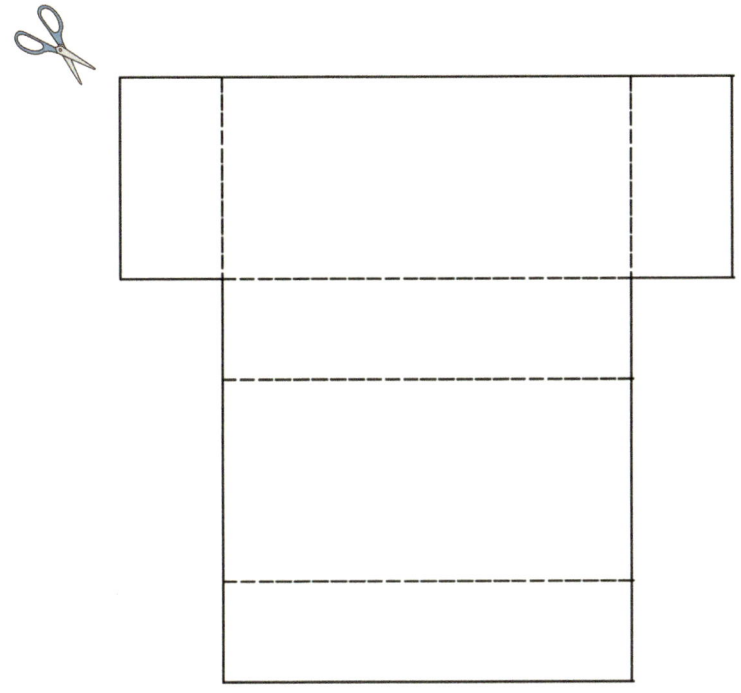

다음의 전개도를 오려 입체도형을 만들어보세요.

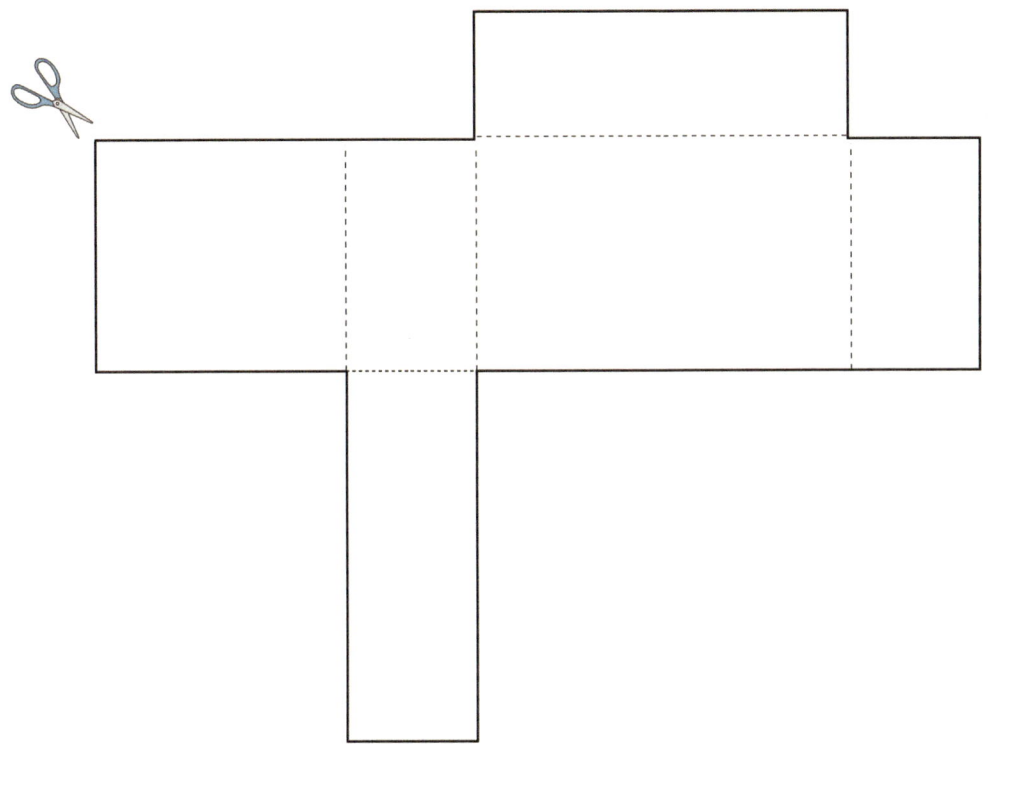

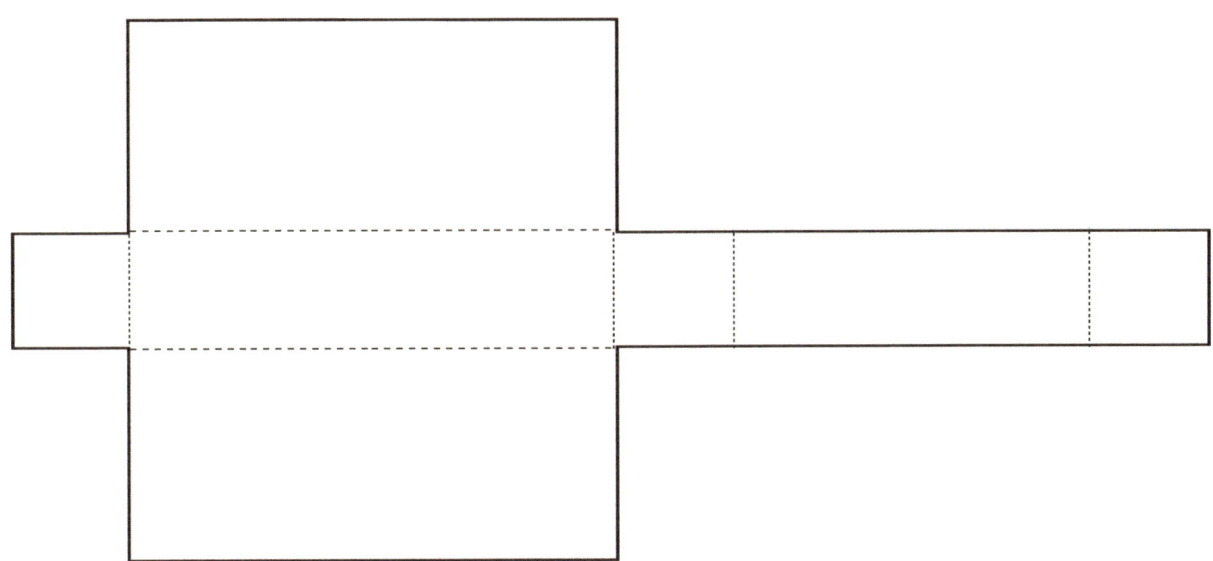

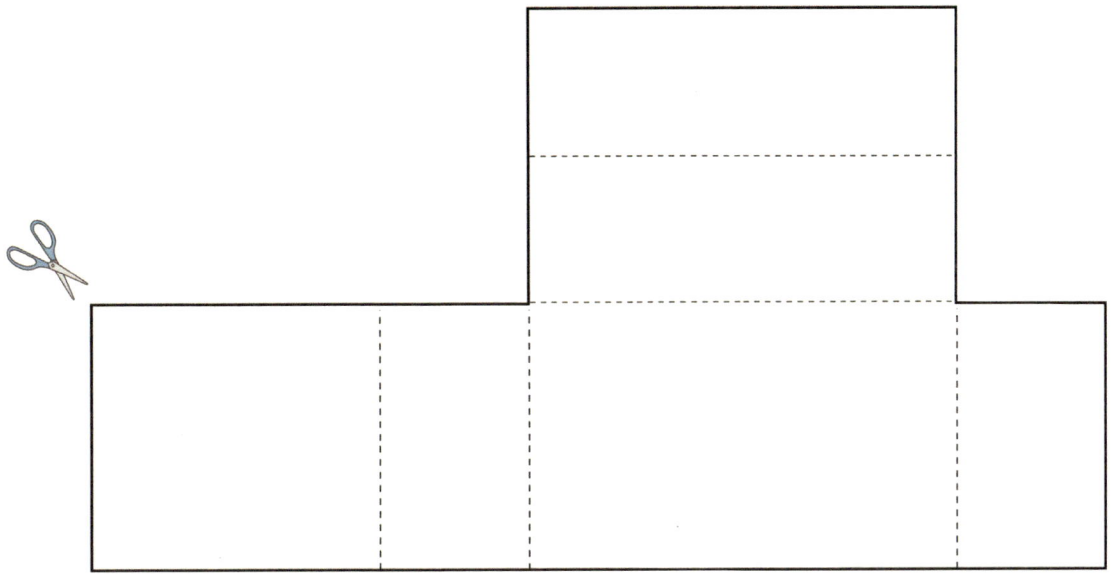

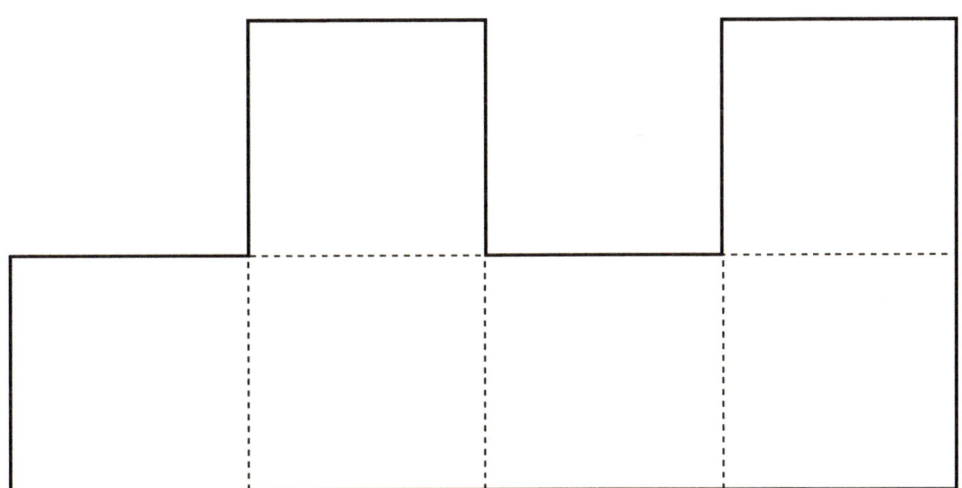

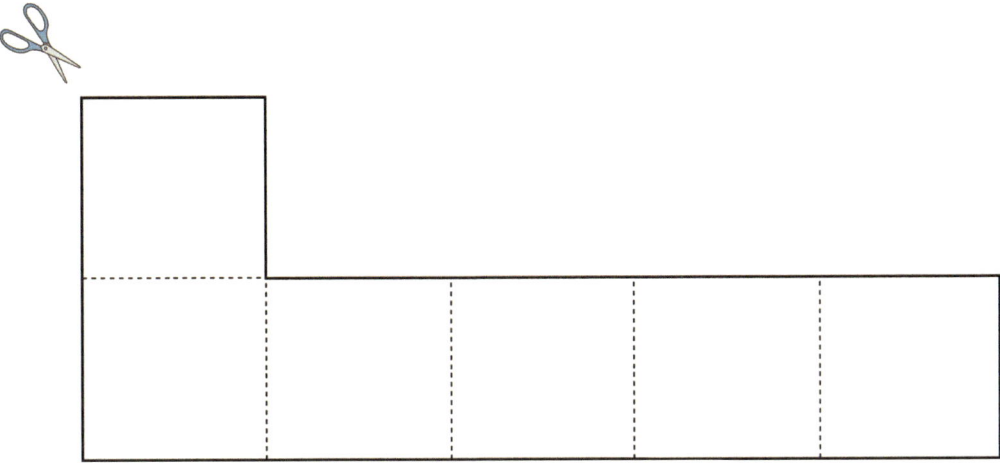

직육면체를 만들 수 있었나요?

> 다섯 개의 전개도는 다음과 같은 특징이 있어요.
> - 접었을 때 마주 보는 면이 합동이 아니다. 즉, 똑같이 겹쳐지지 않는다.
> - 접었을 때 겹치는 면이 있다. 즉, 접었을 때 면의 개수가 6개보다 적거나 많다.

> **직육면체를 만들 수 있는 전개도**는 어떤 특징이 있나요?
> - 6개의 면이 있다.
> - 접었을 때 마주 보는 면 3쌍이 모두 합동이다.

정육면체의 전개도를 만들어보세요.

맞는 전개도의 조건을 잘 생각해 만들어요.

만든 전개도를 오려 입체도형을 만들어보세요.

> **정육면체 전개도의 특징**
> - 모든 면의 모양과 크기가 같은 정사각형 6개
> - 전개도를 접었을 때 마주 보는 면이 3쌍

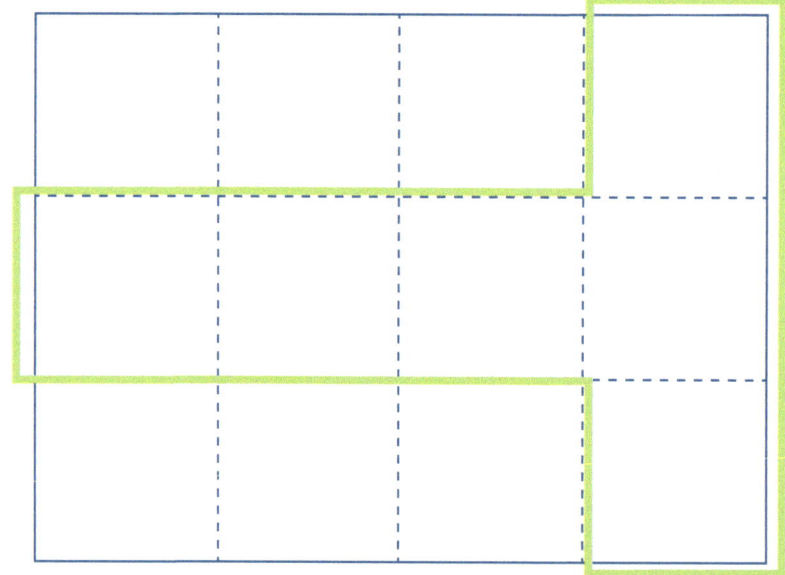

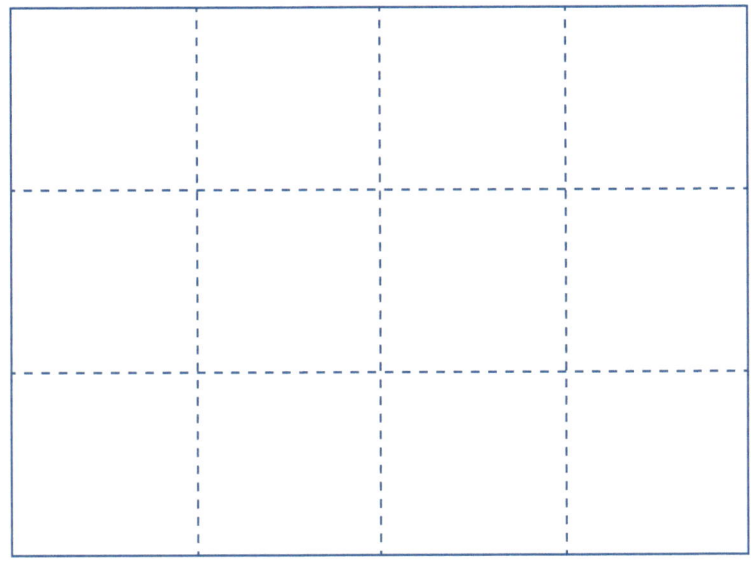

정육면체 전개도인지 확인해요.

1. 면의 개수를 확인해요. 6개인가요?
2. 접히는 부분을 점선으로 그려요.
3. 접었을 때 맞닿는 부분의 길이가 모두 같아야 해요.
   즉, **6개 면의 크기가 모두 같은 정사각형**이어야 해요.

정육면체를 만들 수 있는 전개도는 모두 **11**개예요.

겨냥도를 그릴 수 있어요!

 직육면체의 겨냥도를 이해하고 그릴 수 있어요.

준비물

필기구, 색 펜이나 색연필, 가위, 셀로판테이프

보조준비물: 모눈종이

활동 방법

1. 직육면체의 겨냥도를 이해하고 그리는 활동이에요.
2. 직육면체의 전개도를 오려 직육면체를 입체도형으로 만들어요.
3. 모눈종이 위에 직육면체의 보이는 면을 윗면-정면-옆면 순서대로 그려요.
4. 직육면체의 보이는 선과 마주보는 모서리를 손가락으로 확인한 후, 평행하게 같은 길이의 점선으로 그려요.

- 보이지 않는 면과 모서리를 상상해 겨냥도를 그리는 것은 어려울 수 있어요.
- 입체도형 구체물을 관찰하고, 직접 만져보는 활동을 많이한 후, 겨냥도로 연결하여 연습하면 더 쉽게 배울 수 있어요.

직육면체의 전개도를 오려 직육면체 입체도형을 만들어요.

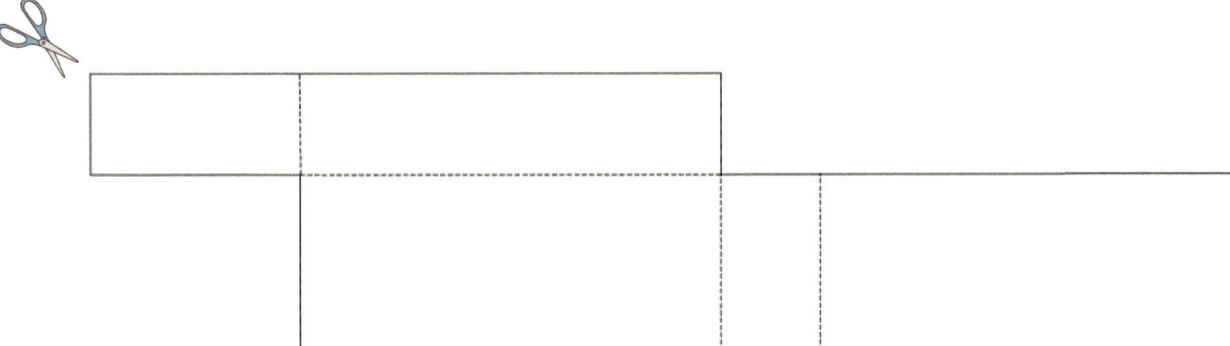

만든 직육면체를 관찰해보세요.

이리저리 돌려가며 면과 모서리를 만져보세요.

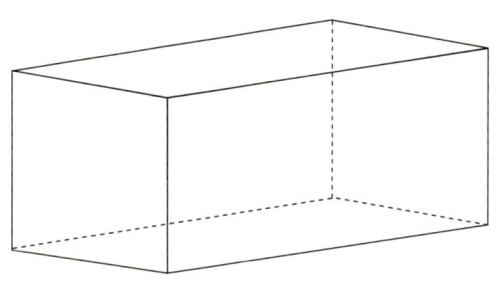

1. 윗면을 그려요.

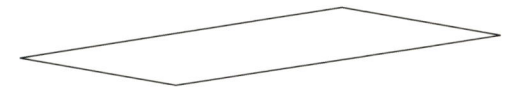

2. 앞에서 보이는 정면 모서리를 그려요.

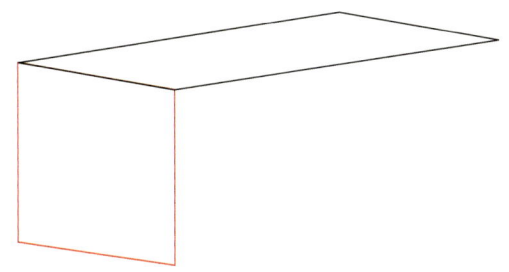

3. 보이는 옆면 모서리를 그려요.

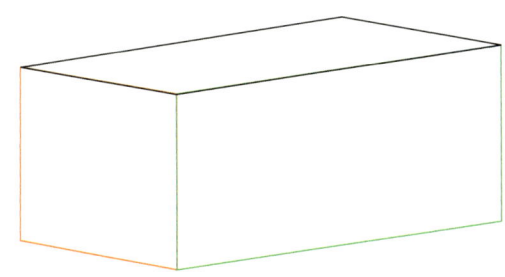

4. 보이지 않는 모서리를 보이는 모서리와 평행이면서 같은 길이로 점선으로 그려요.

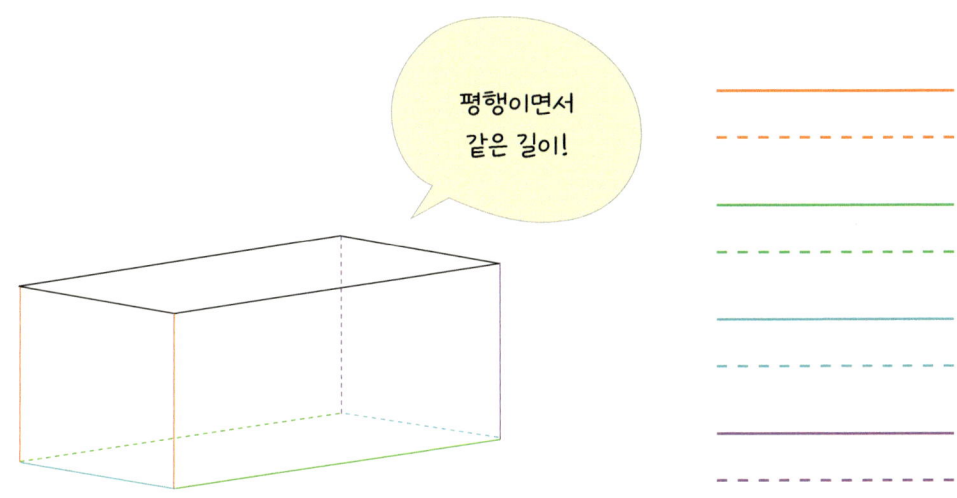

평행이면서 같은 길이!

5. 모눈종이에 직육면체 겨냥도를 그려보세요.

겨냥도와 전개도를 함께 활용해요!

 겨냥도와 전개도를 이용한 문제를 풀 수 있어요.

준비물

필기구, 색 펜이나 색연필
보조준비물: 모눈종이

활동 방법

1. 겨냥도에 그려진 선분을 전개도에 표시하는 문제를 해결하는 활동이에요.
2. 직육면체의 꼭짓점에 자음(ㄱ, ㄴ, ㄷ, ㄹ…)을 써서 표시해요.
3. 전개도와 직육면체를 비교해 전개도에도 같은 위치를 찾아 자음을 써요.
4. 직육면체에 그려진 선분의 위치를 자음으로 확인하고 전개도의 같은 위치에 선분을 그려요.

- 복잡해 보이는 문제는 어렵다고 생각하고 포기할 수 있어요.
- 하지만, 문제를 단계별로 나누어 하나씩 해결하는 연습을 하면 복잡한 문제도 풀 수 있어요. 포기하지 말고 어려운 문제도 도전해요!

직육면체의 꼭짓점을 연결한 초록, 보라, 하늘색 선분을 전개도에 그려 넣으세요.

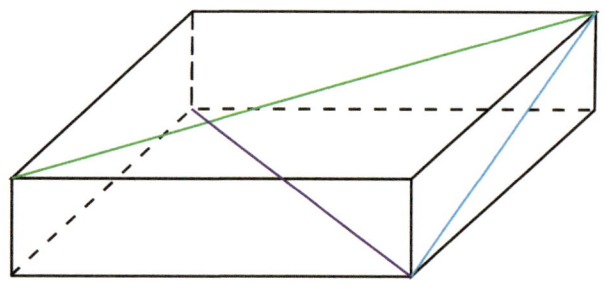

1. 직육면체의 꼭짓점에 자음을 써요.

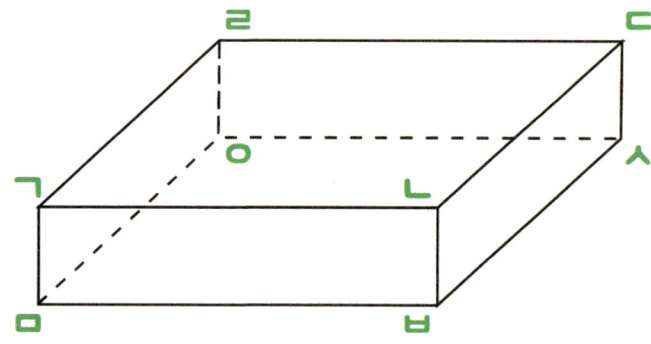

2. 전개도에서 겨냥도와 같은 꼭짓점 위치를 찾아 같은 자음을 써요.

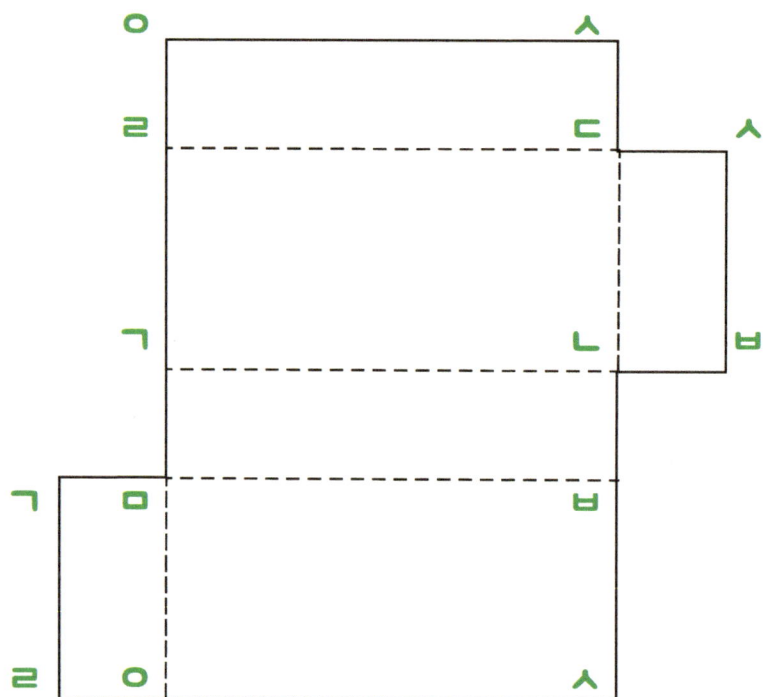

3. 직육면체에 그려진 선분을 자음으로 확인하고 전개도의 같은 위치에 선분을 그려요.

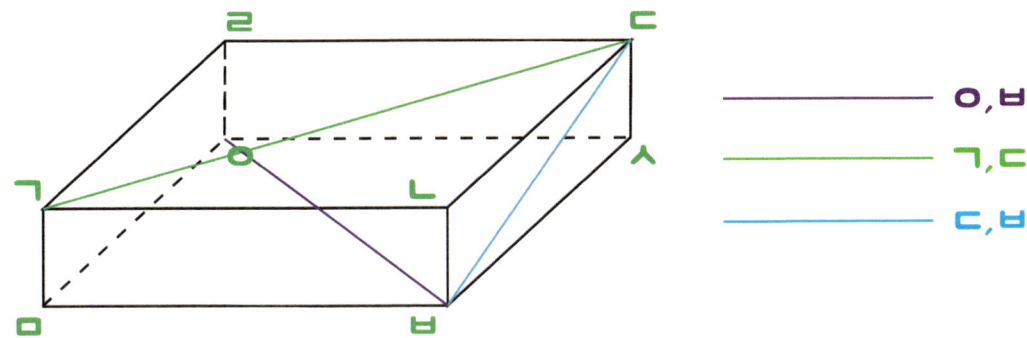

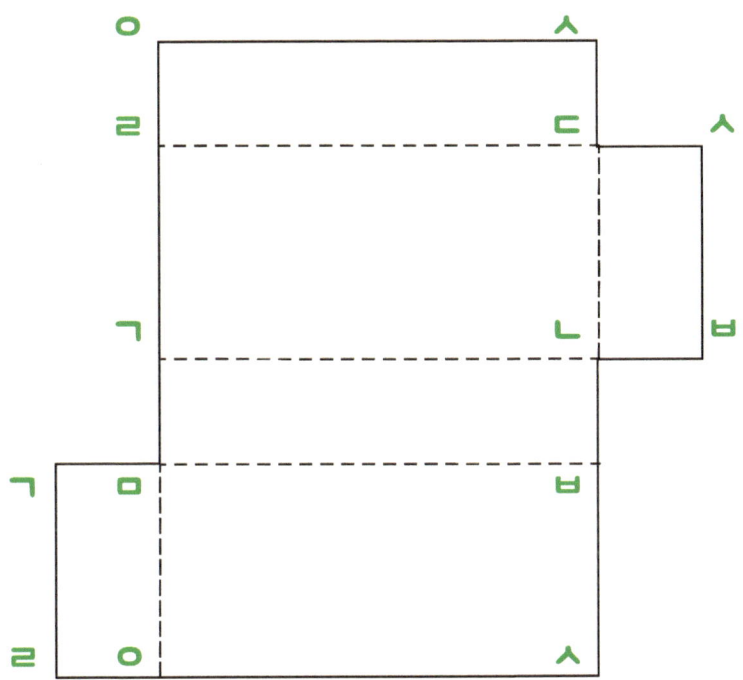

같은 방법으로 다른 전개도에도 위 문제에 해당하는 선분을 그려보세요.

모눈종이 위에 연습해도 좋아요!

쌓기나무 겨냥도를 그려요!

 쌓기나무 겨냥도를 이해하고 쌓기나무 입체도형을 평면으로 표현할 수 있어요.

준비물

필기구, 색 펜이나 색연필, 가위, 셀로판테이프
보조준비물: 모눈종이, 점종이, 쌓기나무 구체물

활동 방법

1. 점종이 위에 쌓기나무 겨냥도를 그려 쌓기나무 입체도형을 평면화하는 활동이에요.
2. 점종이 위에 그려진 겨냥도에 선을 그어 쌓기나무의 개수가 몇 개인지 생각해요.
3. 점종이 위에 쌓기나무 겨냥도를 그려요.

- 입체도형을 평면에 표현하는 것은 어려울 수 있어요. 겨냥도에서 쌓기나무를 더하거나 빼는 활동을 다양하게 연습하고, 구체물도 관찰하여 비교하면 도움이 돼요.

다음 입체도형을 만들기 위해서 몇 개의 쌓기나무가 필요할까요?
점종이에 선을 그어 세어보세요.

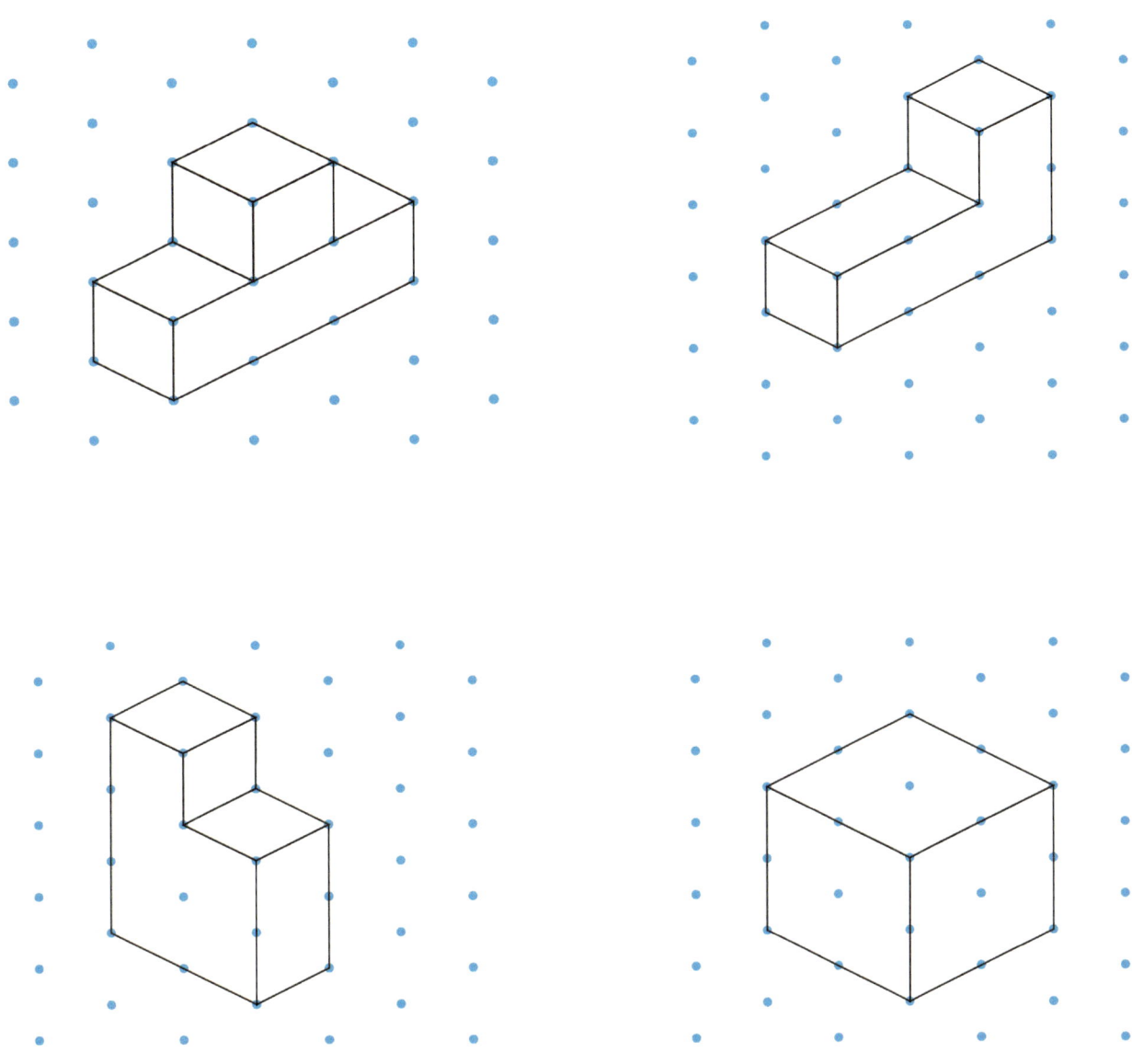

정육면체를 만들어 쌓기나무로 활용하세요.

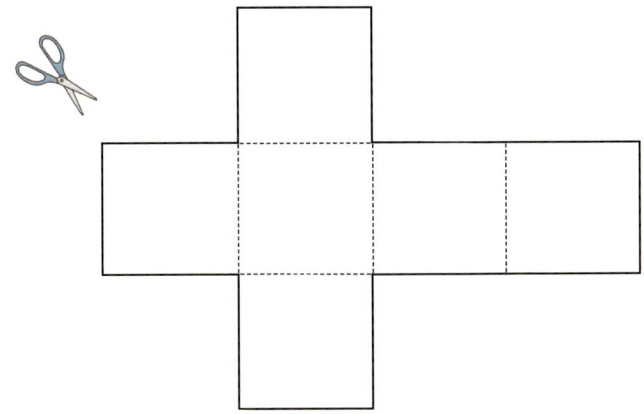

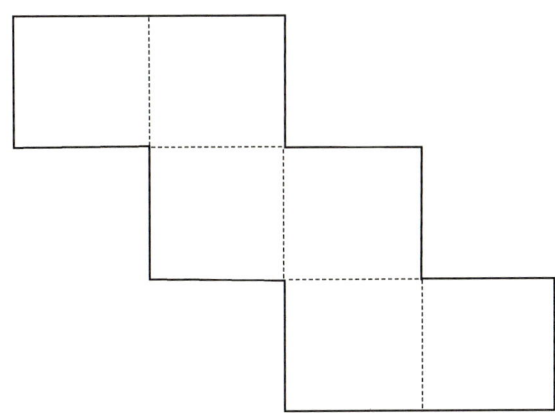

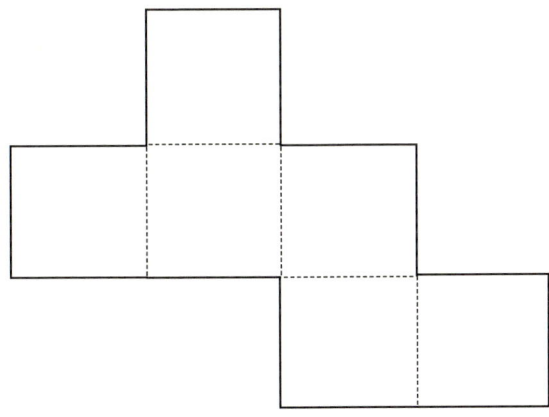

정육면체를 만들어 쌓기나무로 활용하세요.

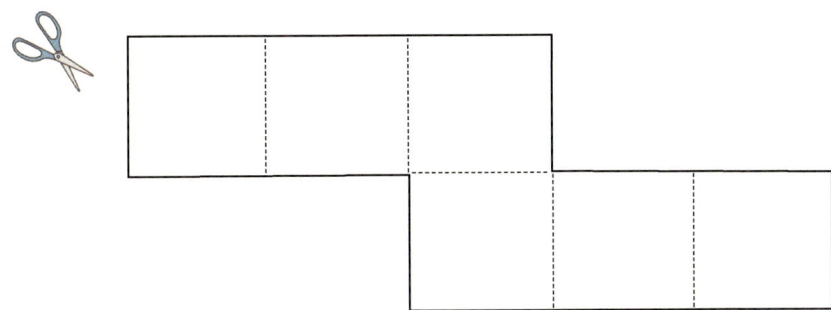

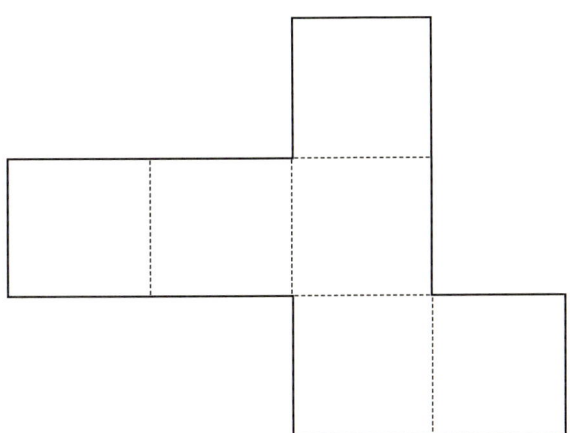

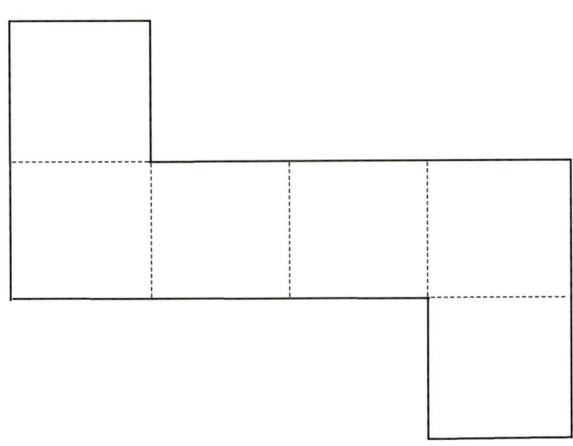

그림과 같이 쌓기나무 1개를 빼면 어떤 모양이 될지 점종이에 그려보세요.

직육면체 겨냥도를 그리는 방법을 기억해 활용하면 쉬워요.

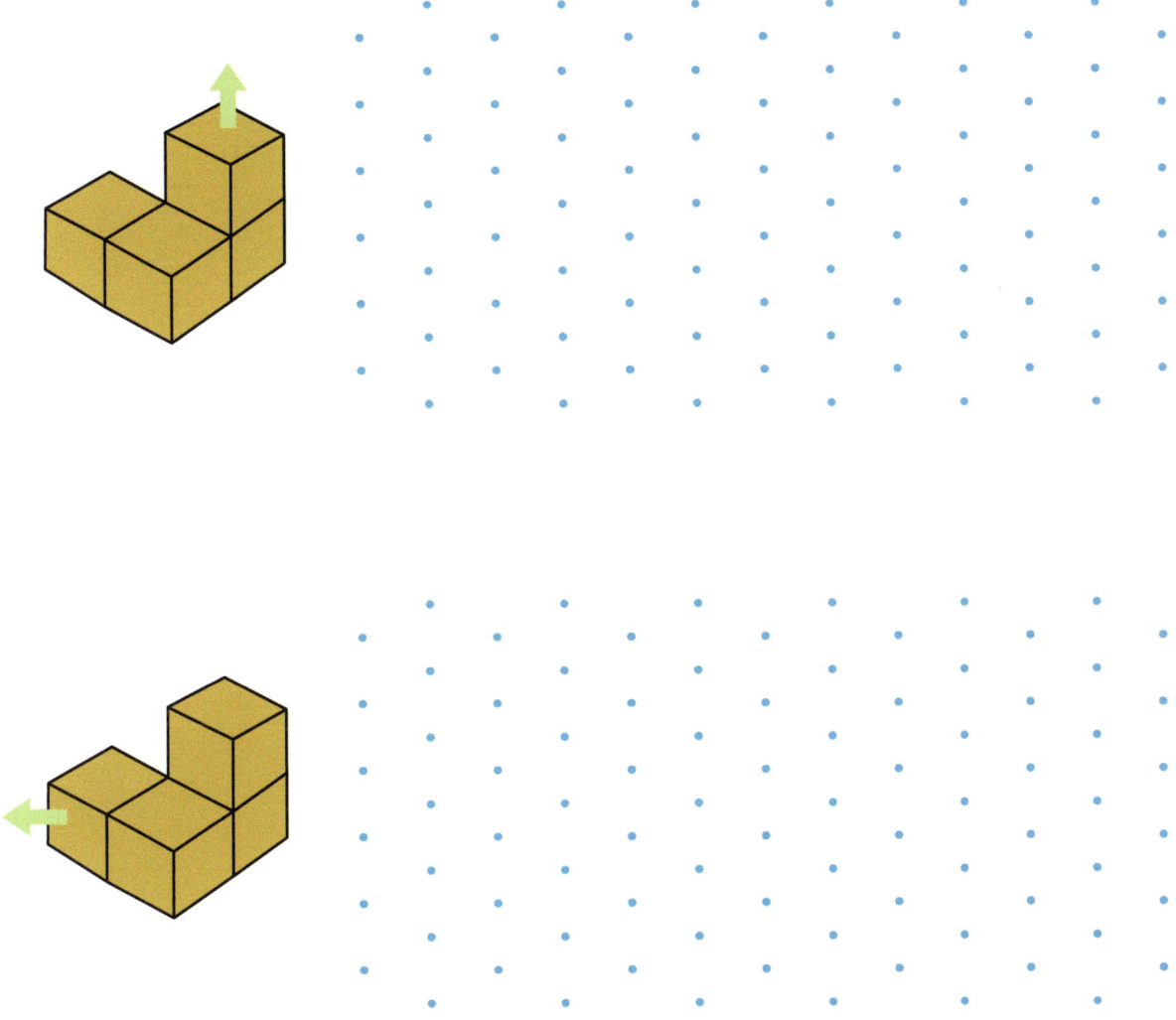

그림과 같이 쌓기나무 2개를 더하면 어떤 모양이 될지 점종이에 그려보세요.

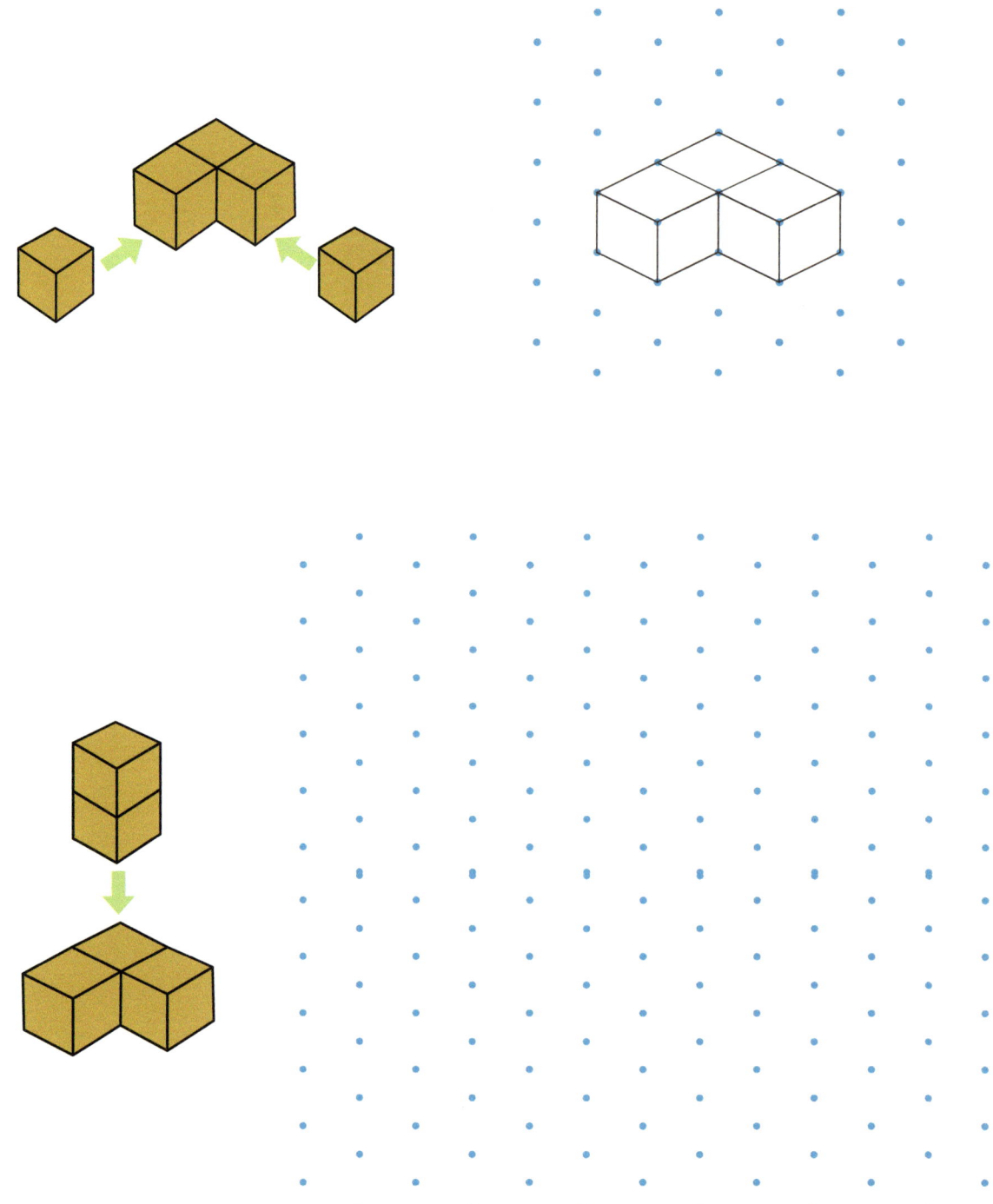

쌓기나무 개수를 셀 수 있어요!

 쌓기나무 개수를 세는 방법을 이해하고 셀 수 있어요.

준비물

필기구, 색 펜이나 색연필, 가위, 셀로판테이프
보조준비물: 쌓기나무 구체물

활동 방법

1. 쌓기나무 개수를 세는 두 가지 방법을 이해하고 쌓기나무를 세는 활동이에요.
2. 쌓기나무의 층수를 확인하고 각 층별 개수를 세어요.
3. 쌓기나무 바닥 모양 도안에 번호를 붙이고 각 번호에 해당하는 층수를 세어요.

- 쌓기나무 입체도형은 보이지 않는 면을 상상해야 하기 때문에 복잡하고 어렵다고 느낄 수 있어요. 그래서 쌓기나무 개수 세기 문제에서 보이는 것만 세고, 보이지 않는 곳에 있는 쌓기나무의 개수는 생각하지 않기도 해요.
- 쌓기나무 개수 세기 활동은 공간 내에서의 위치 지각 능력과 기억 능력 등을 향상시켜 수학적 사고력뿐 아니라 일상생활의 문제해결력 향상에도 도움이 돼요.
- 구체물을 활용한 연습으로 보이지 않는 곳에 있는 쌓기나무를 상상하는 연습을 많이 해주세요.

다음 입체도형을 쌓기나무로 쌓아보세요.

쌓기나무 몇 개가 필요한가요?

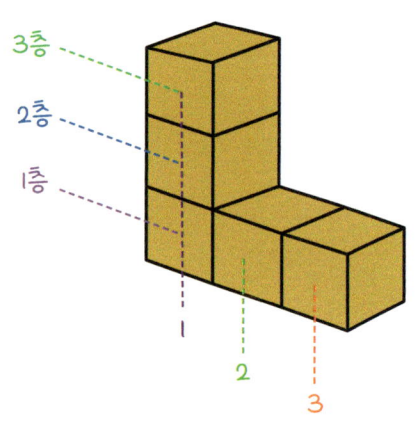

- 1층에 몇 개의 쌓기나무를 놓았나요?
- 2층에 몇 개의 쌓기나무를 놓았나요?
- 3층에 몇 개의 쌓기나무를 놓았나요?

- 세로 첫 번째 줄에 몇 개의 쌓기나무를 놓았나요?
- 세로 두 번째 줄에 몇 개의 쌓기나무를 놓았나요?
- 세로 세 번째 줄에 몇 개의 쌓기나무를 놓았나요?

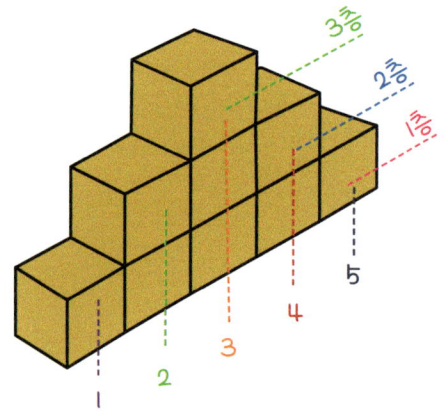

- 1층에 몇 개의 쌓기나무를 놓았나요?
- 2층에 몇 개의 쌓기나무를 놓았나요?
- 3층에 몇 개의 쌓기나무를 놓았나요?

- 세로 첫 번째 줄에 몇 개의 쌓기나무를 놓았나요?
- 세로 두 번째 줄에 몇 개의 쌓기나무를 놓았나요?
- 세로 세 번째 줄에 몇 개의 쌓기나무를 놓았나요?
- 세로 네 번째 줄에 몇 개의 쌓기나무를 놓았나요?
- 세로 다섯 번째 줄에 몇 개의 쌓기나무를 놓았나요?

1. 다음 입체도형 각 층의 쌓기나무 개수를 세어보세요.
2. 입체도형의 바닥 모양 도안을 그리세요.
3. 각 바닥 모양에 쌓인 쌓기나무의 층수 숫자를 적어 모두 더해보세요.

①번과 ③번 값이 같나요?

쌓기나무 구체물로도 확인해보세요.

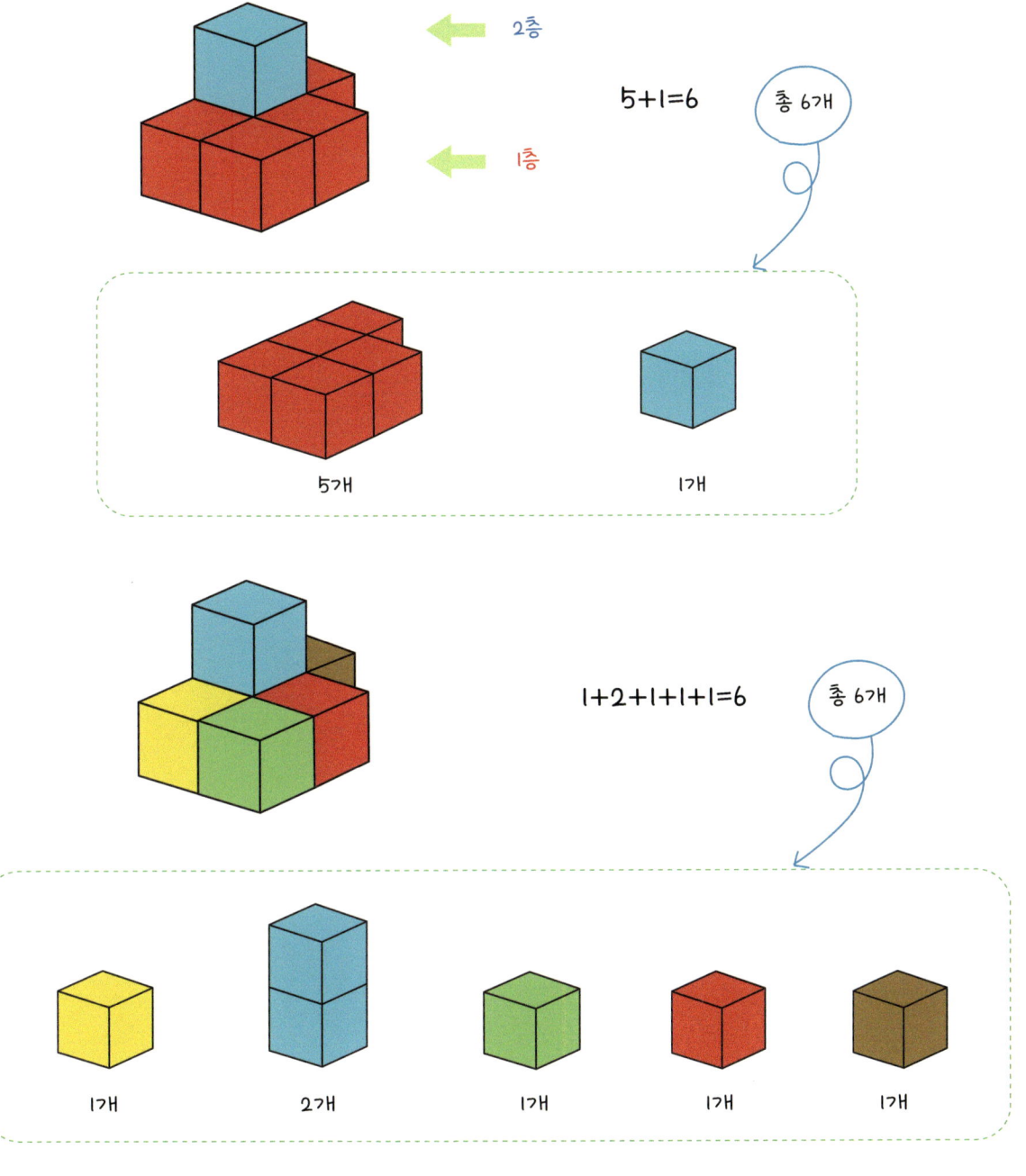

층별 쌓기나무 개수를 세어보세요.

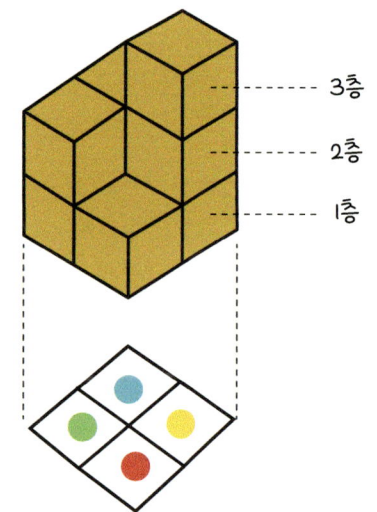

층별 쌓기나무 개수를 세어요.

1층 ➡ (　　) 개

2층 ➡ (　　) 개

3층 ➡ (　　) 개

바닥 도안 위치에 따른 쌓기나무 개수를 세어요.

🔴 ➡ (　　) 개

🟡 ➡ (　　) 개

🟢 ➡ (　　) 개

🔵 ➡ (　　) 개

쌓기나무 개수를 세어보세요.
층별 개수 세기와 바닥 도안 그림을 그려 세는 두 가지 방법을 연습해요.

층별 쌓기나무 개수를 세어요.

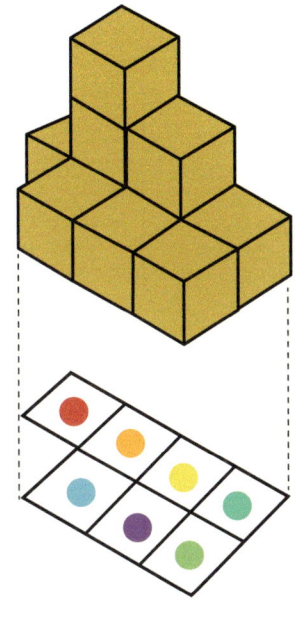

1층 ➡ (　　) 개

2층 ➡ (　　) 개

3층 ➡ (　　) 개

바닥 도안 위치에 따른 쌓기나무 개수를 세어요.

🔴 ➡ (　　) 개

🟠 ➡ (　　) 개

🟡 ➡ (　　) 개

🟢 ➡ (　　) 개

🔵 ➡ (　　) 개

🟣 ➡ (　　) 개

🟢 ➡ (　　) 개

쌓기나무 개수를 세어보세요.

구체물로 직접 쌓아 확인하며 연습해요.

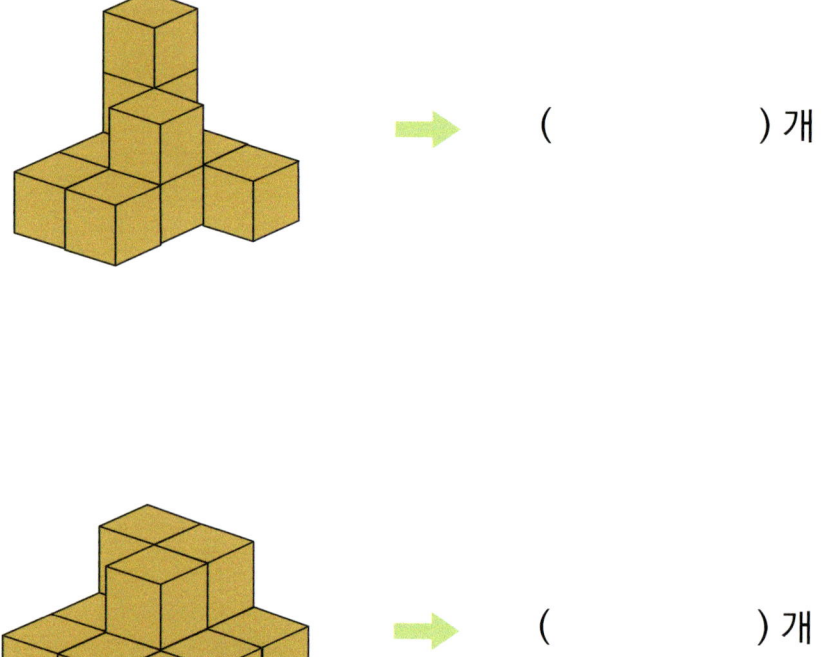

➡ (　　　) 개

➡ (　　　) 개

정육면체를 만들어 쌓기나무 구체물로 활용하세요.

활동에 따라 색을 칠하면 쌓기나무 연습을 더 쉽게 할 수 있어요.

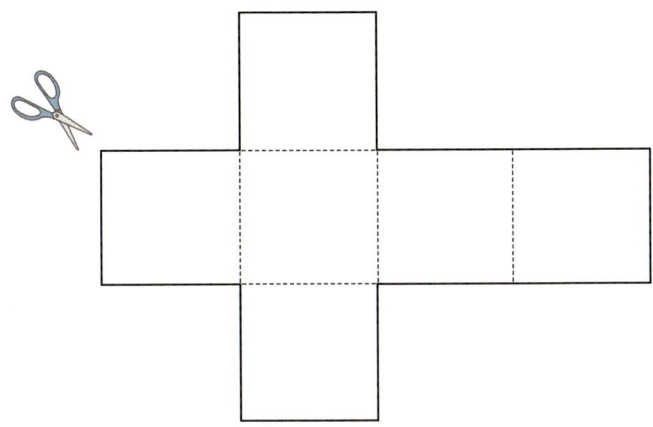

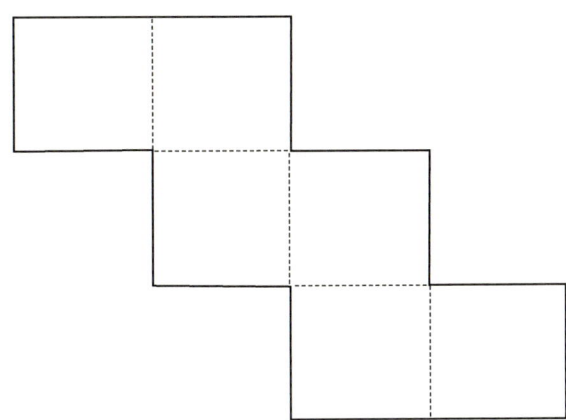

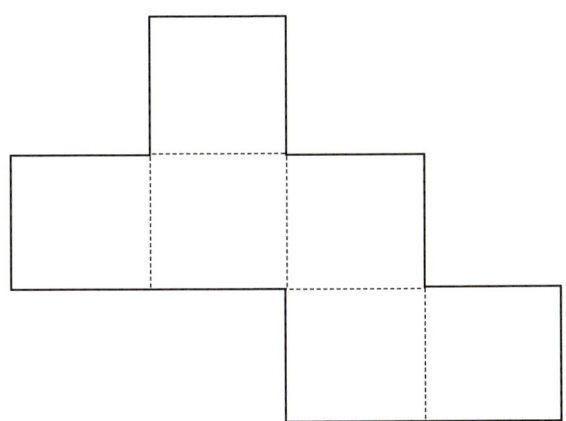

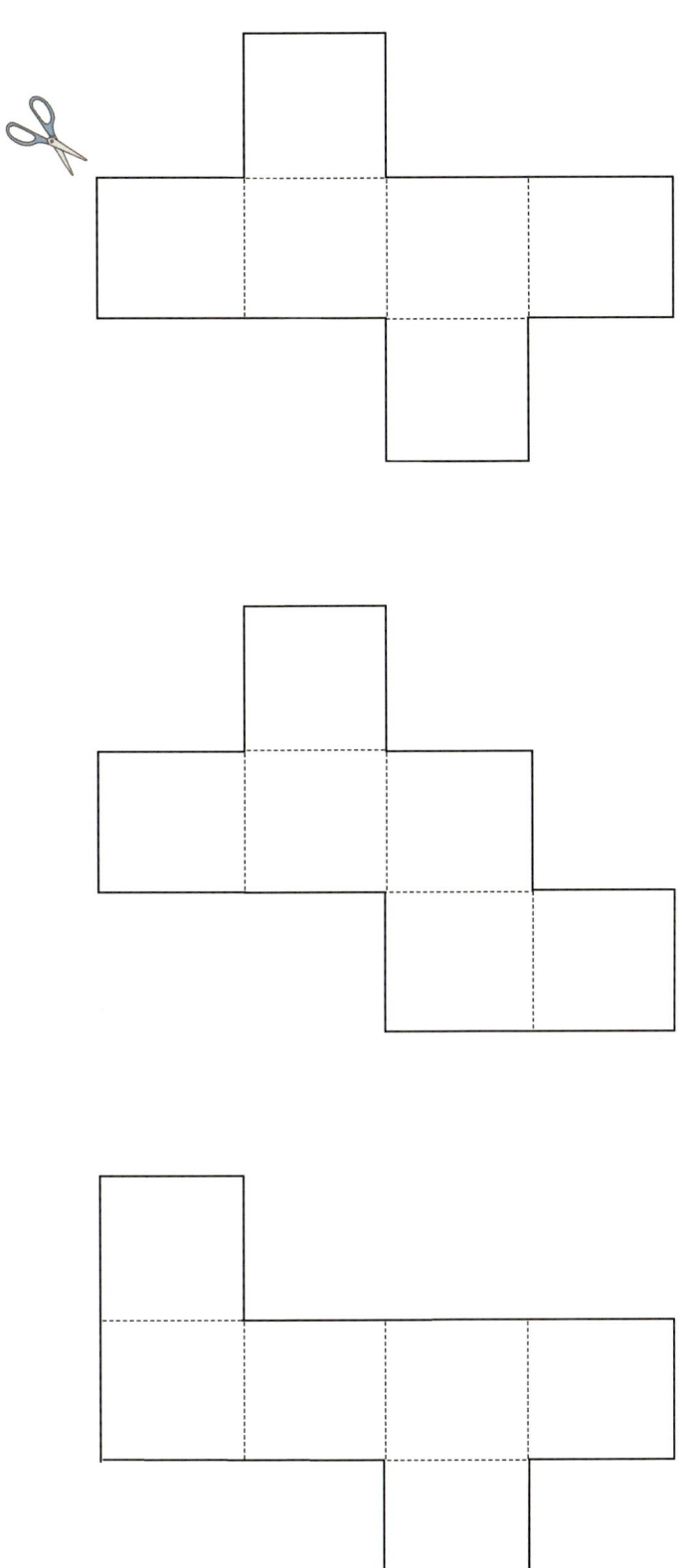

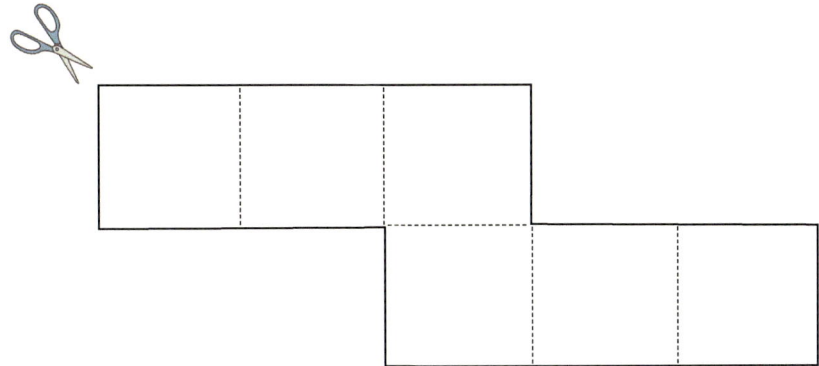

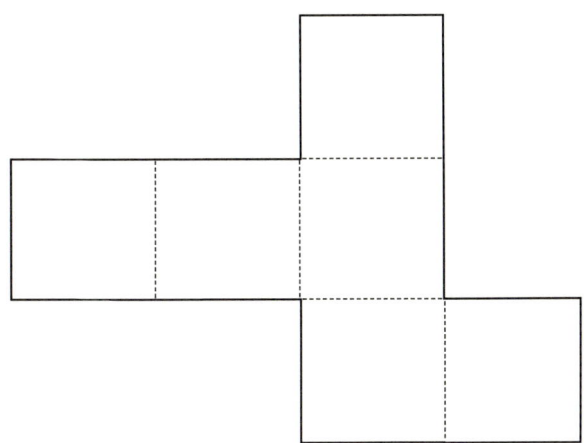

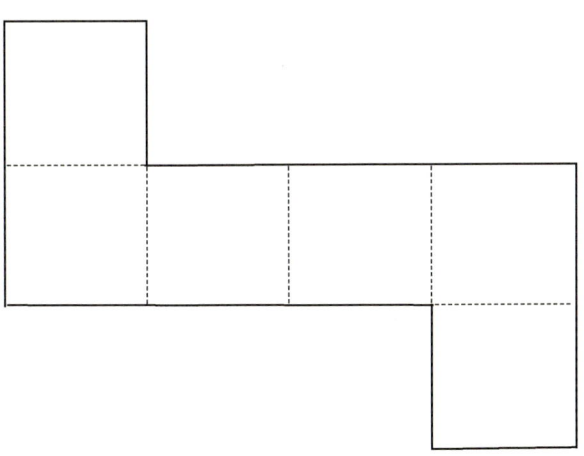

도형편 191

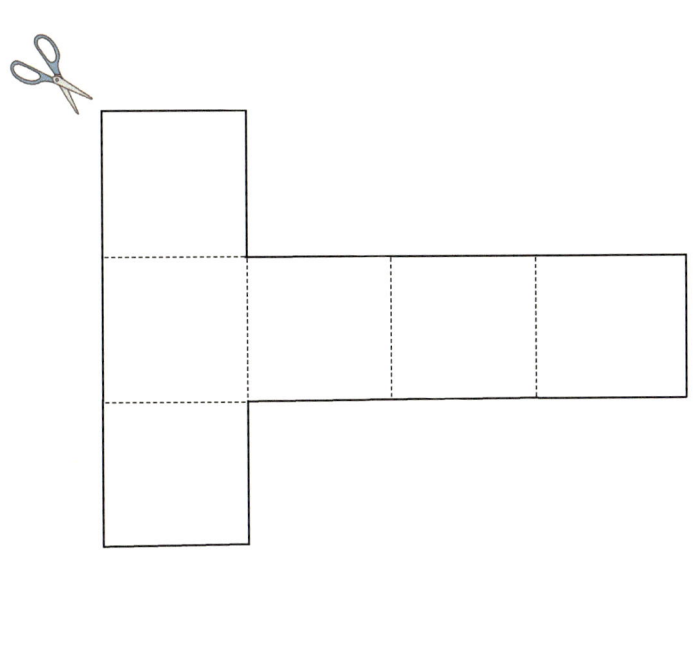

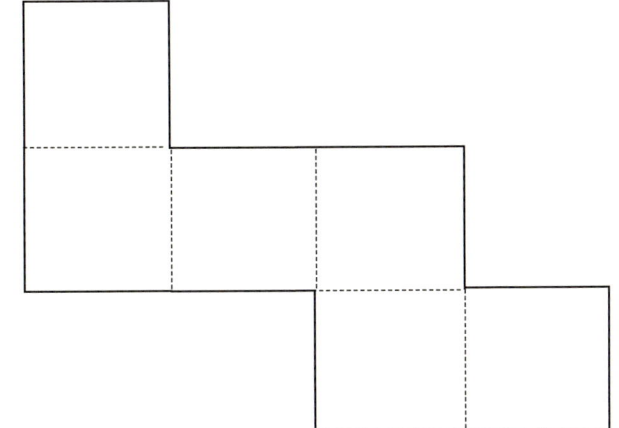

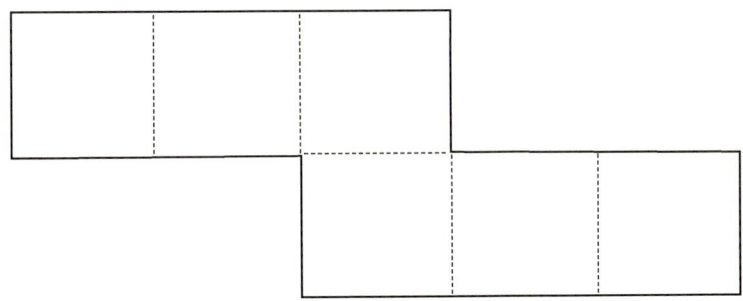

참고 문헌

- 교육과학기술부(2012). 초등학교 수학 교사용 지도서 3-1. 서울: 두산동아(주).
- 교육과학기술부(2012). 초등학교 수학 교사용 지도서 3-2. 서울: 두산동아(주).
- 교육과학기술부(2012). 초등학교 수학 교사용 지도서 4-1. 서울: 두산동아(주).
- 교육과학기술부(2012). 초등학교 수학 교사용 지도서 4-2. 서울: 두산동아(주).
- 교육부(2015). 수학 1-1 교사용 지도서. 서울: 천재교육.
- 교육부(2015). 수학 3-1 교사용 지도서. 서울: 천재교육.
- 교육부(2015). 수학 3-2 교사용 지도서. 서울: 천재교육.
- 교육과학기술부(2015a). 초·중등학교 교육과정 총론. 교육부 고시 제2015-74호 (별책 1).
- 교육과학기술부(2015b). 2015 개정교육과정에 따른 수학과 교육과정. 교육부 고시 제2015-74호 (별책 8).
- 교육과학기술부(2015). 초등학교 6학년 1학기 수학 교사용 지도서.
- 교육과학기술부(2015). 초등학교 6학년 2학기 수학 교사용 지도서.
- 교육과학기술부(2018). 2018 초등교원 수학 마스터 클래스 전문성 집중 향상 연수 교재.
- 김동일, 이대식, 신종호(2009). 학습장애아동의 이해와 교육. 서울: 학지사.
- 김분영(2006). 초등수학 도형 영역의 지도 내용 계열 분석. 서울대학교 교육대학원 석사학위논문.
- 김성준, 김수환, 신준식, 이대현, 이종영, 임문규, 정은실, 최창우(2013). 초등학교 수학과 교재연구와 지도법. 서울: 동명사.
- 김은지(2018). 하브루타를 적용한 입체도형 지도에서 초등학생들의 학습 효과 분석. 광주교육대학교 교육대학원 석사학위논문.
- 김잔디(2007). 어림 측정 전략 지도가 초등학교 2학년 학생들의 측정 감각과 측정 능력에 미치는 영향. 한국교원대학교 교육대학원 석사학위논문.
- 김중일(2004). 도형영역의 오류 분석에 관한 연구-초등학교 3학년을 중심으로. 춘천교육대학교 교육대학원 석사학위논문.
- 김지혜(2013). 들이와 무게에 대한 한국과 일본의 초등수학교과서 비교 연구. 서울교육대학교 교육대학원 석사학위논문.
- 노영아, 안병곤(2007). 도형 영역의 오류 유형과 원인 분석에 관한 연구-초등학교 4학년을 중심으로. 한국초등수학교육학회지, 11(2), 199-216.
- 대전광역시교육청(2009). 한눈에 보는 수업 모형. 대전: 대전광역시교육청.
- 박민정(2013). 공간감각 개념에 근거한 초등수학 교과서 6-1 '여러 가지 입체도형' 단원의 재구성. 공주교육대학교 교육대학원 석사학위논문.
- 박성선, 김민경, 방정숙, 권점례(2012). 초등교사를 위한 수학과 교수법. 서울: 경문사.
- 서해린(2012). 패턴블록 활용학습이 초등학생들의 공간 지각력 향상에 미치는 영향. 대구교육대학교 교육대학원 석사학위논문.
- 유경선(2012). 공간능력과 수학적 창의성 신장을 위한 도형학습 과제의 효과-입체도형의 전개도를 중심

- 으로-. 서울교육대학원 교육대학원 석사학위논문.
- 이수진, 김민경(2017). 초등학생들의 다양한 어림 전략을 통한 길이 어림 분석. 초등수학교육, 20(1), 1-18.
- 이혜진(2004). 수학적 종이접기 활동이 초등학생의 도형 개념 및 성질의 이해에 미치는 영향. 대구교육대학교 교육대학원 석사학위논문.
- 임해경(2004). 제7차 초등학교 수학과 교육과정의 공간감각 영역에 대한 연구. 초등교육연구, 18(2), 21-48.
- 장영은(2003). 도형과 관련된 문제해결과정에서 초등학생의 오류 유형과 원인 분석 연구. 전주교육대학교 교육대학원 석사학위논문.
- 전성수(2014). 최고의 공부법: 유대인 하브루타의 비밀. 서울: ㈜경향비피.
- 정가람(2016). 구체물 조작을 통한 시지각 훈련이 발달장애 초등학생의 공간감각과 도형학습수행에 미치는 효과. 단국대학교 대학원 석사학위논문.
- 정진희(2007). 발달장애아동의 색상, 모양, 크기 변별훈련의 효과. 대진대학교 대학원 석사학위논문.
- Bassarear, T., & Moss, M. (2012). Mathematics For Elementary School Teachers. CENGAGE Learing, Inc.
- Bley, N. S. (2019). Teaching mathematics to students with learning disabilities. TX: PRO-ED.
- Reys, R. E., Lindquist, M. M., Lambdin, D.V., & Smith, N. L. (2009). Helping children learn mathematics (9th ed.). Hoboken, NJ: John Wiley & Sons.

저자 소개 **백현주**
성균관대학교 석사, 박사 (아동청소년 상담 및 임상심리 전공)
임상심리사 1급, 청소년상담사 2급, 전문상담교사 2급
아동권리보장원 경계선지능아동 심리정서지원 사업 교육강사 및 슈퍼바이저
보건복지부 드림스타트 교육강사 및 슈퍼바이저
전두엽프리즘 대표

이승미
단국대학교 석사 (정서 및 자폐성장애아교육 전공)
인지학습상담전문가, 인지행동심리상담사 1급
아동권리보장원 경계선지능아동 심리정서지원 사업 슈퍼바이저

김향숙
동국대학교 이학박사 (아동가족학 전공)
명지대학교 통합치료대학원 예술심리치료학과 겸임교수
명우임상심리연구소 소장

경계선지능 아동을 위한 인지학습 프로그램
기초 학습 한걸음
도형편 아동용

2023년 09월 25일 1판 1쇄

지은이 • 백현주 이승미 김향숙

그 림 • 유정민

편 집 • 이채은

펴낸이 • 최은석

펴낸곳 • 배움의숲

       50386 서울특별시 강동구 풍성로35길 19 지층

등록번호 • 제 251-0020-23000011 호

ISBN 979-11-93456-00-2

정가 33,000원

이 책을 무단으로 전재하거나 복제할 경우 저작권법에 따라 처벌을 받게 됩니다.

☐ 기초인지 한걸음 시리즈

| 주의집중편 교사용 | 주의집중편 아동용 | 작업기억편 교사용 | 작업기억편 아동용 |

☐ 기초학습 한걸음 시리즈

수와 연산편 교사용 / 수와 연산편 아동용 / 도형편 교사용 / 도형편 아동용 / 기타 수학편 교사용 / 기타 수학편 아동용

읽기편 교사용 / 읽기편 아동용 / 쓰기편 교사용 / 쓰기편 아동용

한글 다문화편 교사용 / 한글 다문화편 아동용 / 읽고 쓰기 다문화편 교사용 / 읽고 쓰기 다문화편 아동용

☐ 경계선지능 아동을 위한 사회성 시리즈

- 사회성 감정편 교사용
- 사회성 감정편 아동용
- 사회성 의사소통편 교사용
- 사회성 의사소통편 아동용
- 사회성 갈등관리편 교사용
- 사회성 갈등관리편 아동용